心一堂術數古籍珍本叢刊

書名：《家傳三元古今名墓圖集附謝氏水鉗》《蔣氏三元名墓圖集》合刊（下）
系列：心一堂術數古籍珍本叢刊 堪輿類 蔣徒張仲馨三元真傳系列 第二輯 184
作者：【清】孫景堂、劉樂山、張稼夫輯註
主編、責任編輯：陳劍聰
心一堂術數古籍珍本叢刊編校小組：陳劍聰 素聞 梁松盛 鄒偉才 虛白盧主

出版：心一堂有限公司
通訊地址：香港九龍旺角彌敦道六一○號荷李活商業中心十八樓○五—○六室
深港讀者服務中心·中國深圳市羅湖區立新路六號羅湖商業大廈負一層○○八室
電話號碼：(852)67150840
網址：publish.sunyata.cc
電郵：sunyatabook@gmail.com
網店：http://book.sunyata.cc
淘寶店地址：https://shop210782774.taobao.com
微店地址：https://weidian.com/s/1212826297
臉書：https://www.facebook.com/sunyatabook
讀者論壇：http://bbs.sunyata.cc/

版次：二零一七年三月初版
平裝：兩冊不分售

定價：港幣 一千三百八十元正
新台幣 五千三百八十元正

國際書號：ISBN 978-988-8317-49-3

香港發行：香港聯合書刊物流有限公司
地址：香港新界大埔汀麗路36號中華商務印刷大廈3樓
電話號碼：(852)2150-2100
傳真號碼：(852)2407-3062
電郵：info@suplogistics.com.hk

台灣發行：秀威資訊科技股份有限公司
地址：台灣台北市內湖區瑞光路七十六巷六十五號一樓
電話號碼：+886-2-2796-3638
傳真號碼：+886-2-2796-1377
網絡書店：www.bodbooks.com.tw
台灣國家書店讀者服務中心：
地址：台灣台北市中山區松江路二〇九號一樓
電話號碼：+886-2-2518-0207
傳真號碼：+886-2-2518-0778
網絡書店：http://www.govbooks.com.tw

中國大陸發行 零售：深圳心一堂文化傳播有限公司
深圳地址：深圳市羅湖區立新路六號羅湖商業大廈負一層○○八室
電話號碼：(86)0755-82224934

心一堂微店二維碼

心一堂淘寶店二維碼

謝氏水鉗原序

余素愛浙中山水自天目探源後遍踏諸峯枝〻結作麄雄未盡地靈力量渡江觀武林苕溪山巒秀麗堂無注蓄勢隨水走復乘斡水泛舟於震澤湖泖瀲浦間縱意盤桓久之始知平洋龍氣清純片〻段〻沒骨崩洪融凝奇態互為朝護宗覺快心惜乎吳下之風昧於斯理絕少知音故嘿識一二以符先哲所

家秘本

論大水注處穴有萬千誠不謬也余亦深入寶山不為空歸矣

謝氏平洋圖每圖皆有題辭余以其不合正義知非謝氏原本故槩置不錄後之學者弗致疑於缺畧也

後覺子樂山筆記

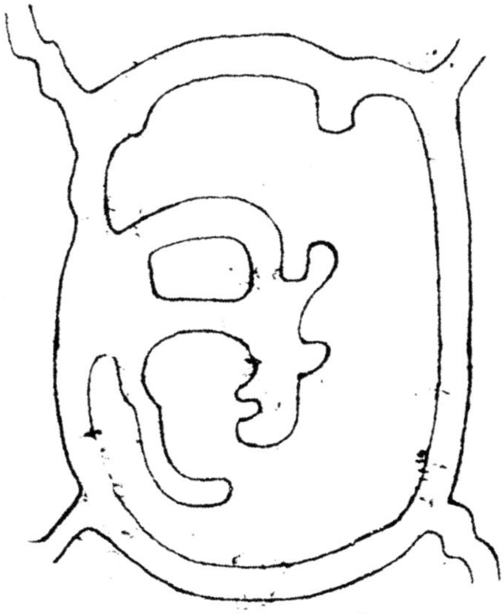

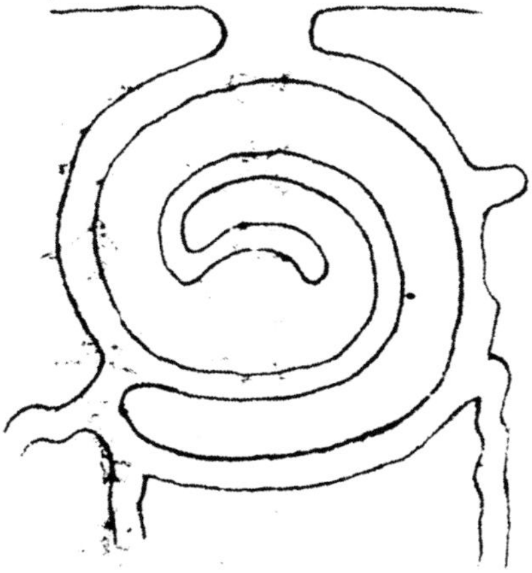

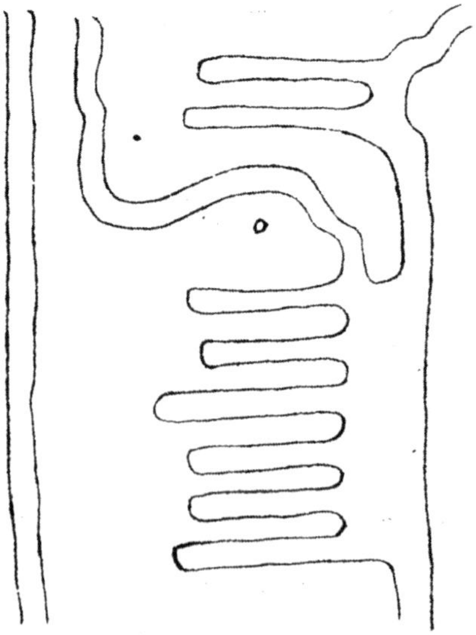

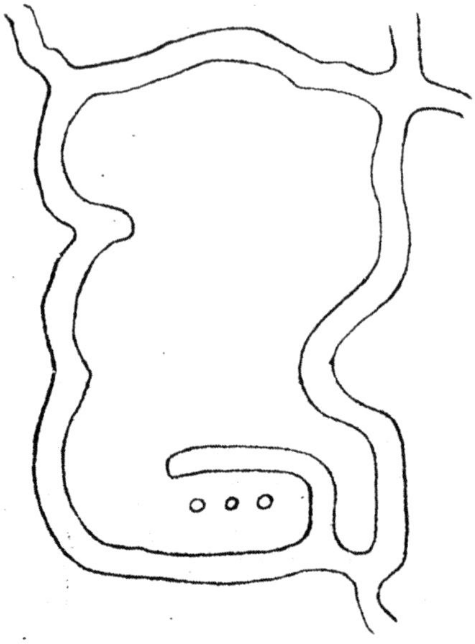

家秘本

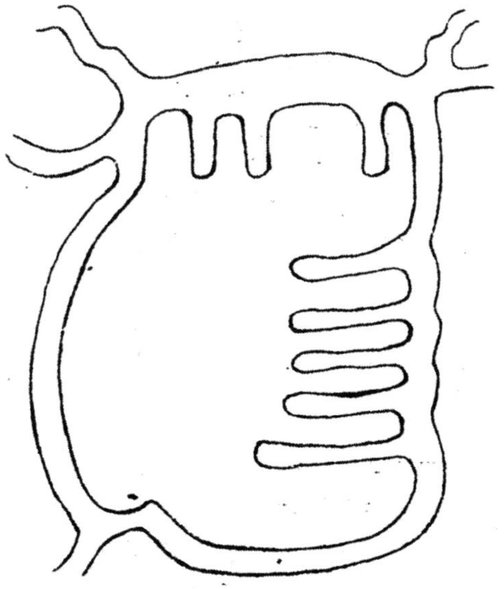

蔡照堂傳

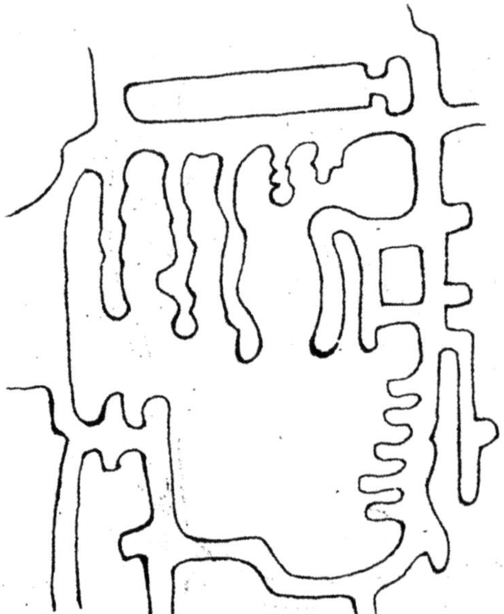

家秘本

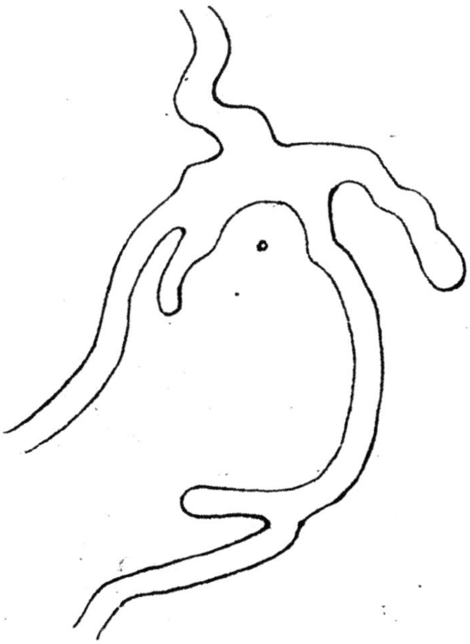

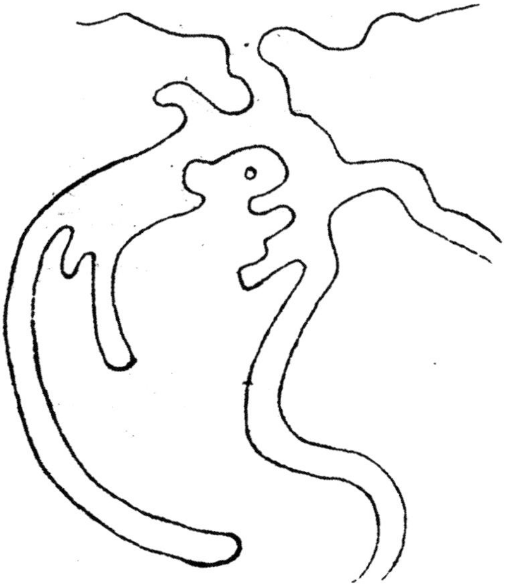

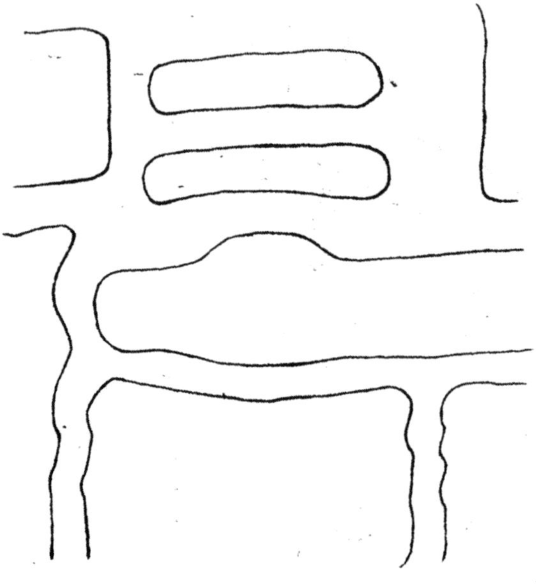

家秘本

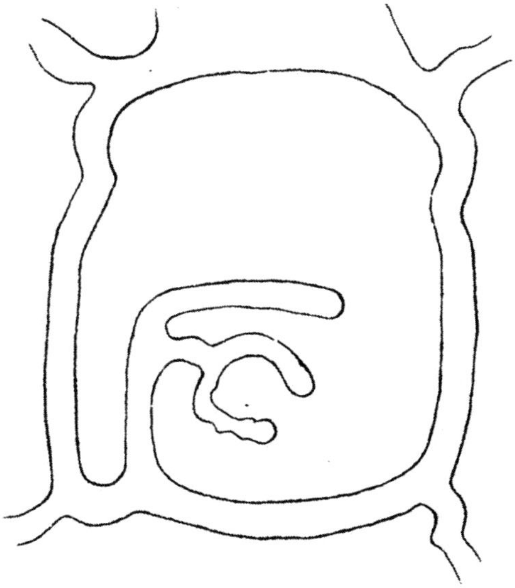

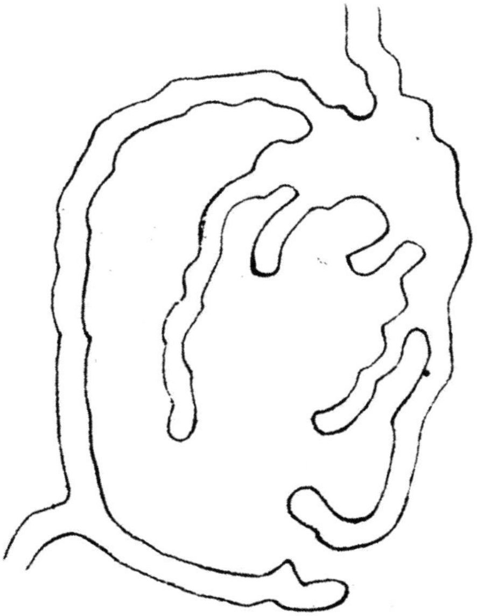

蔡照堂傳

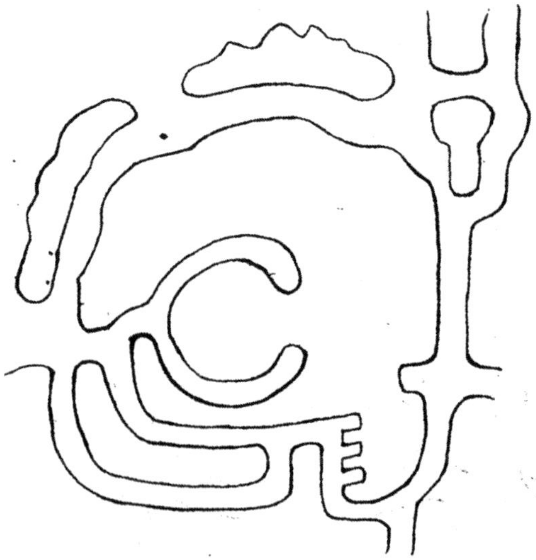

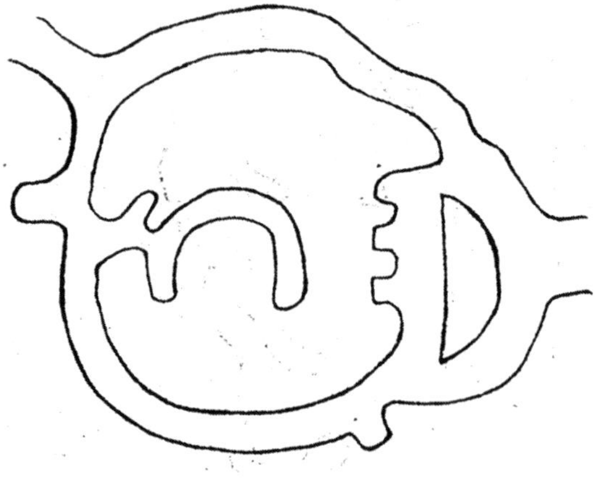

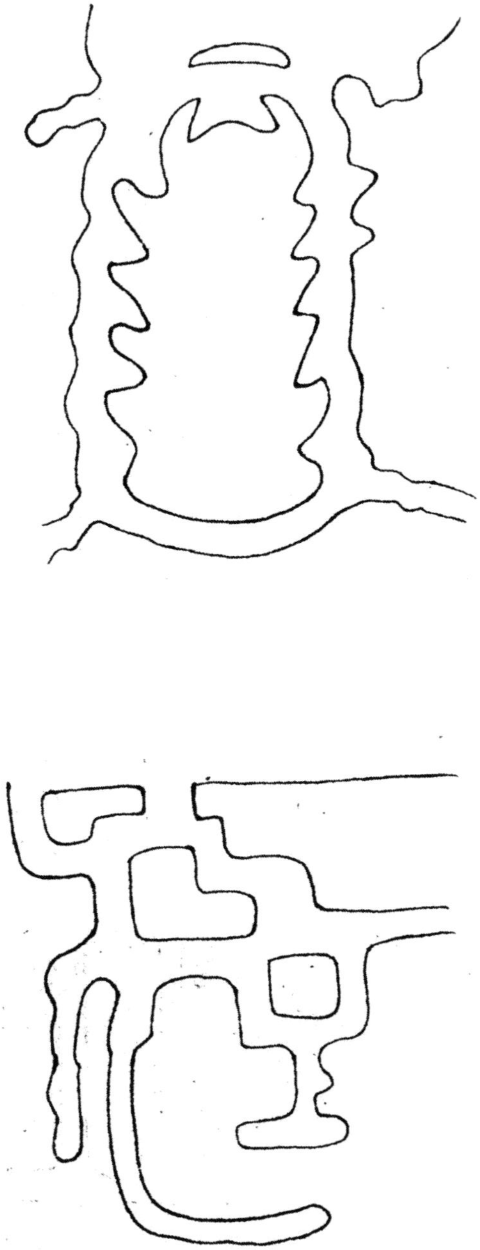

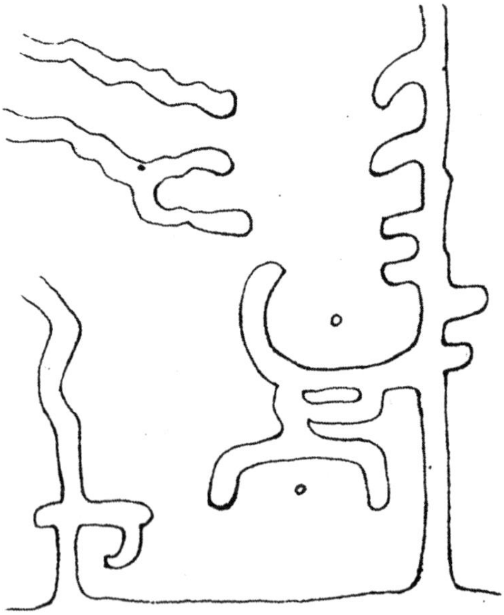

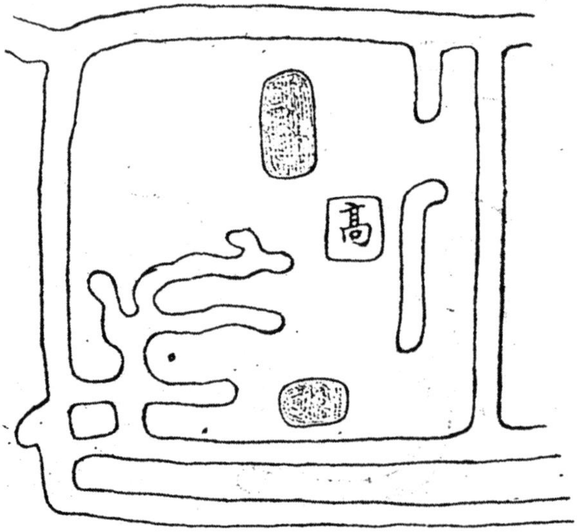
高

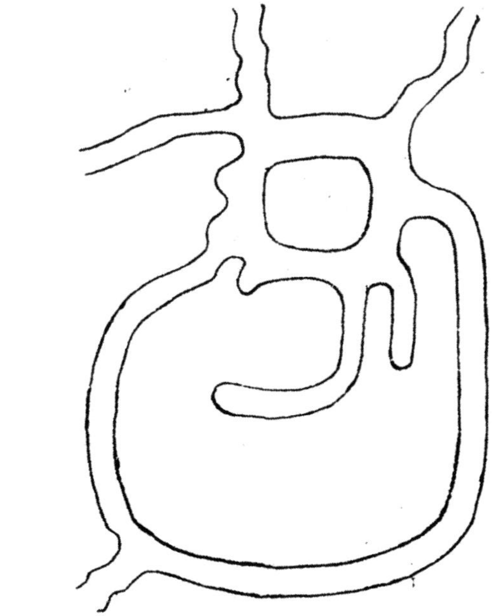

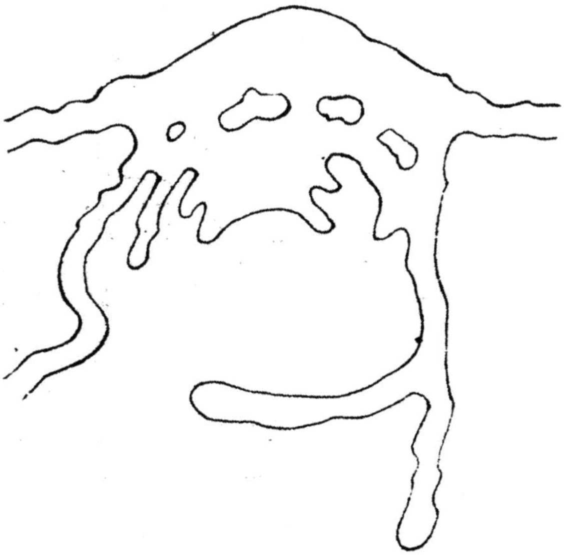

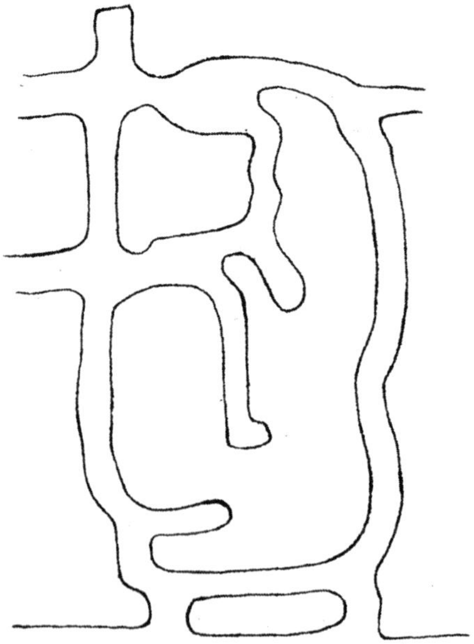

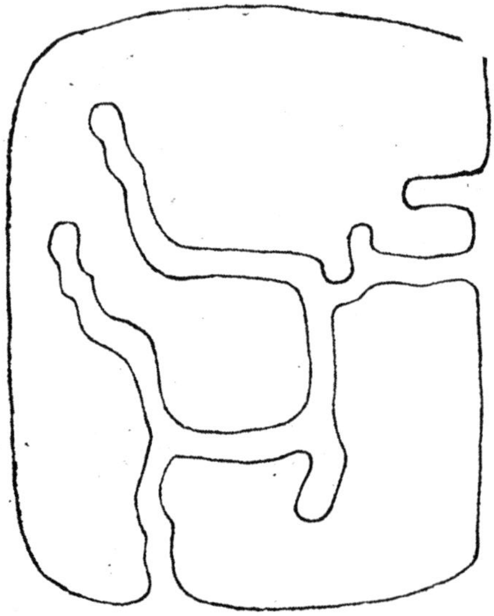

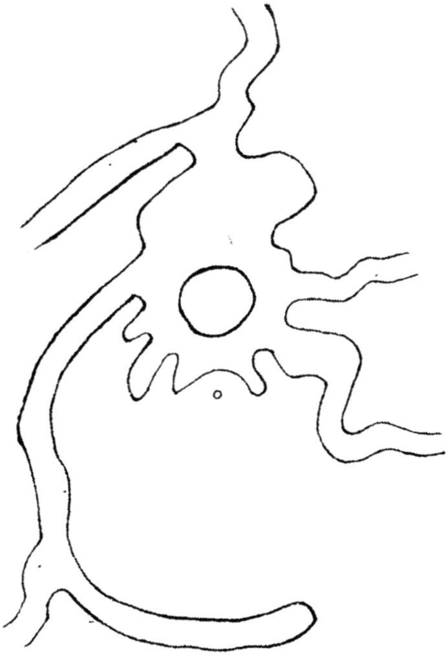

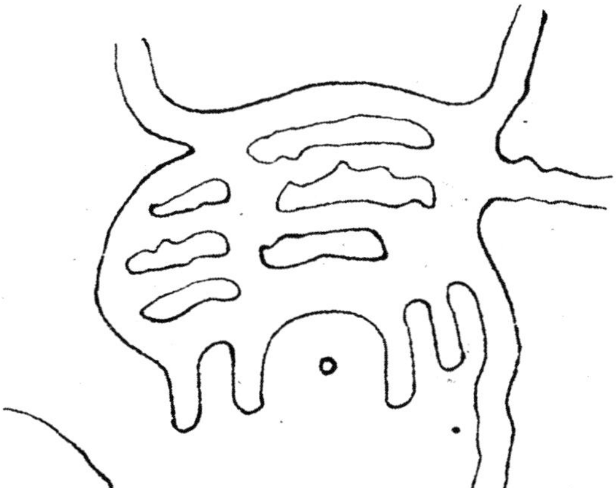

藜照堂傳

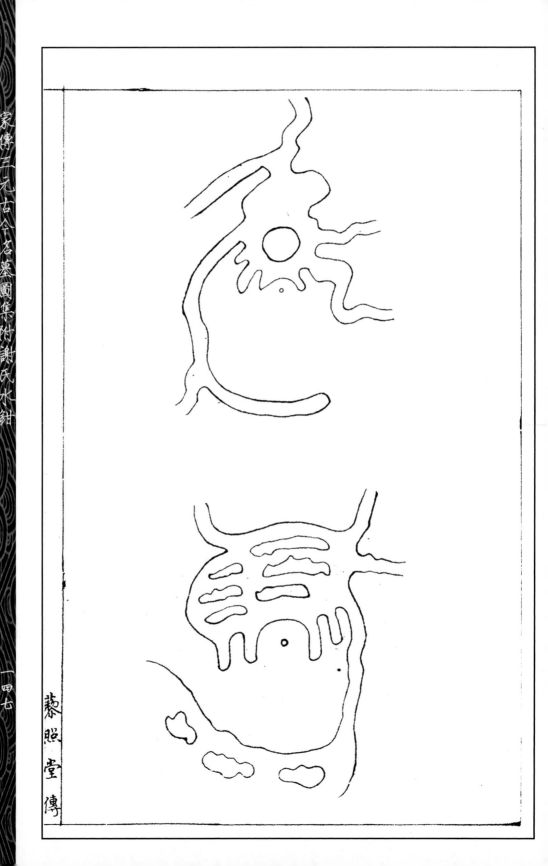

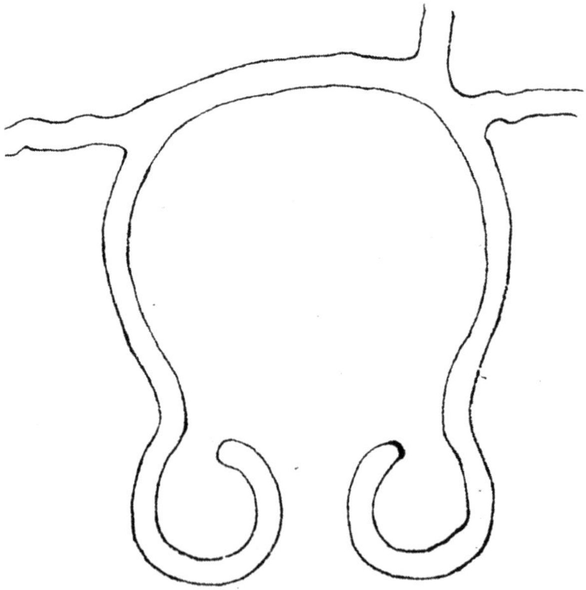

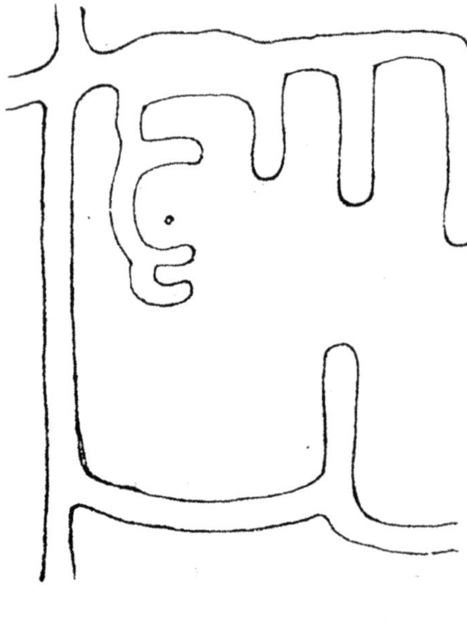

家秘本

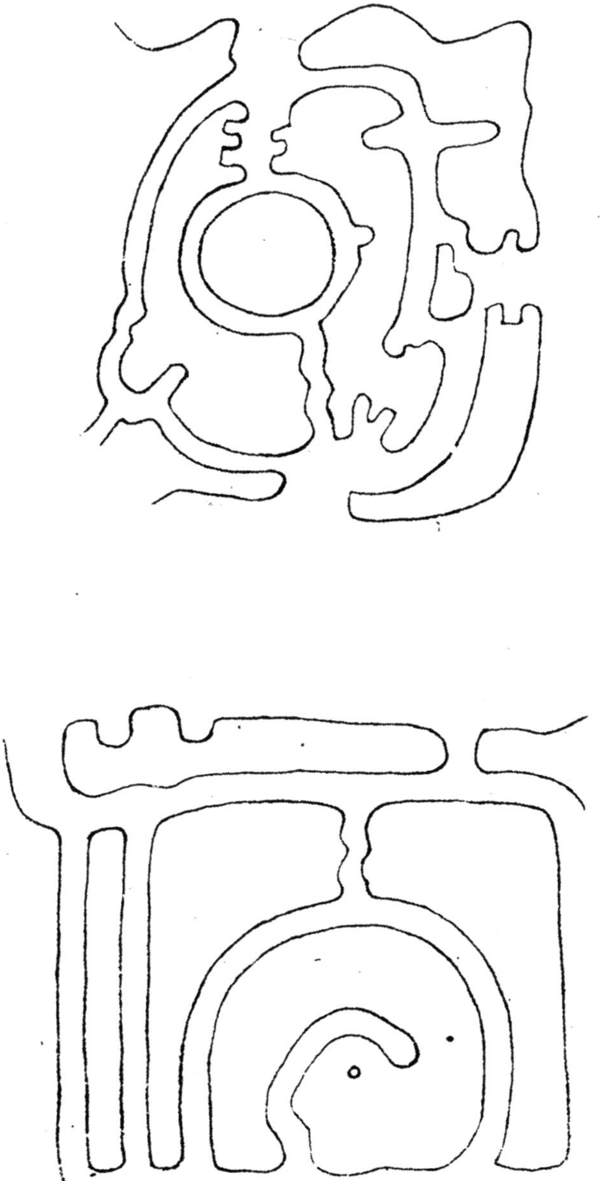

藜照堂傳

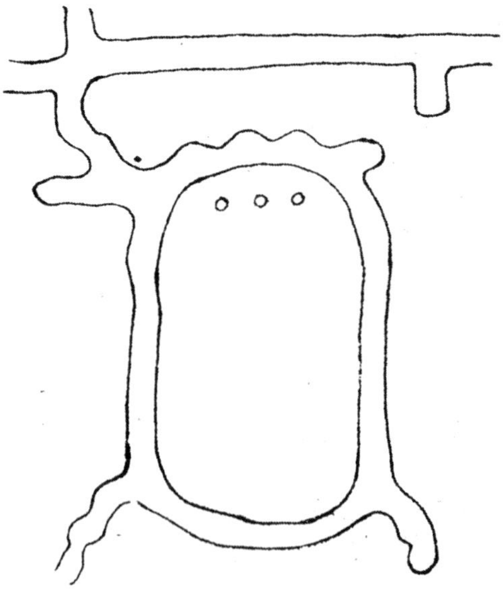

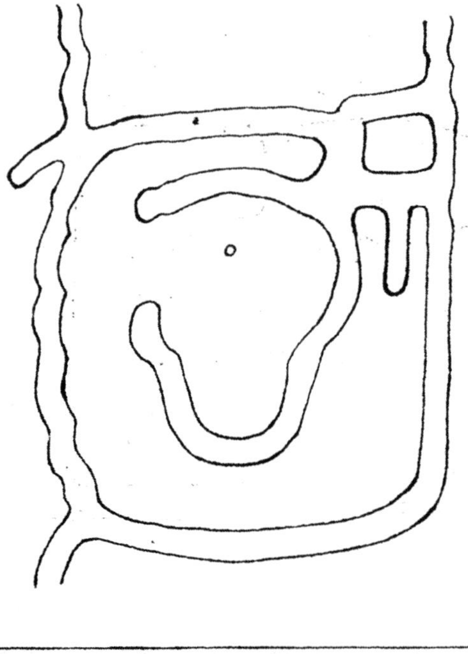

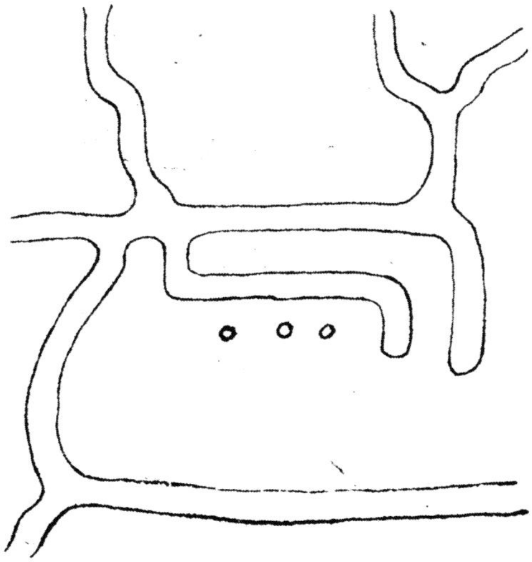

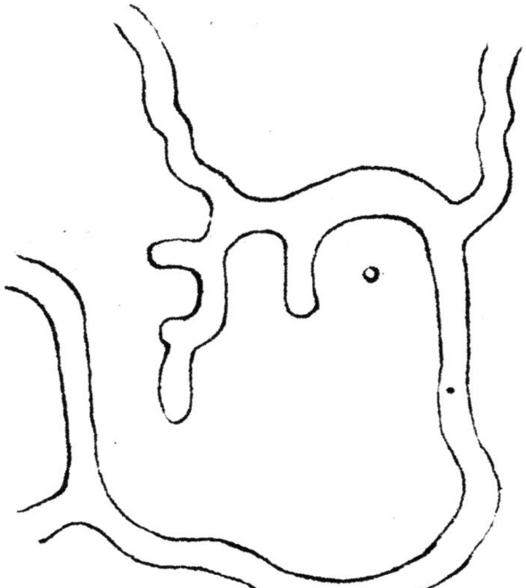

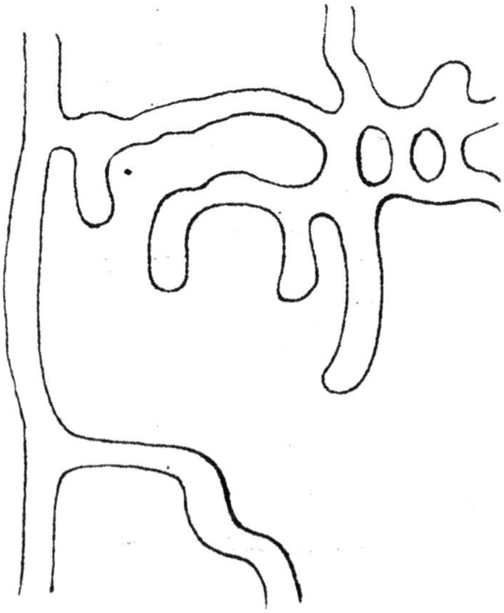

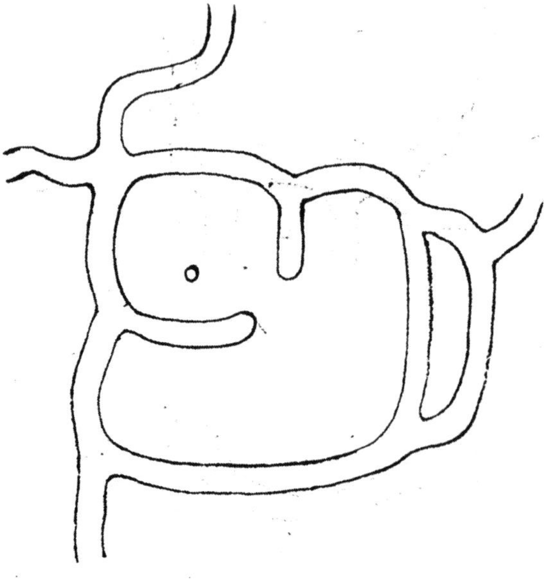

家秘本

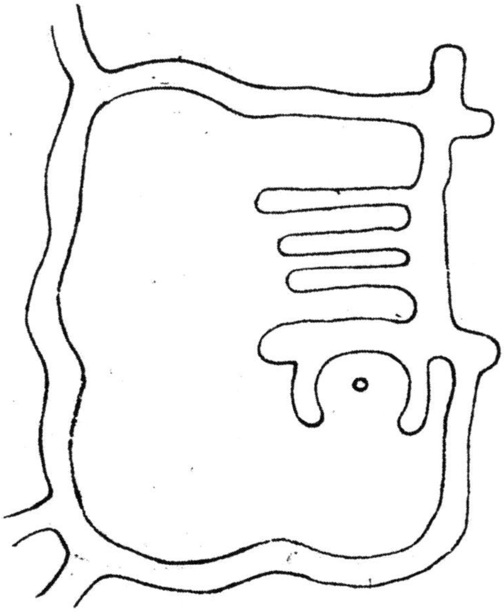

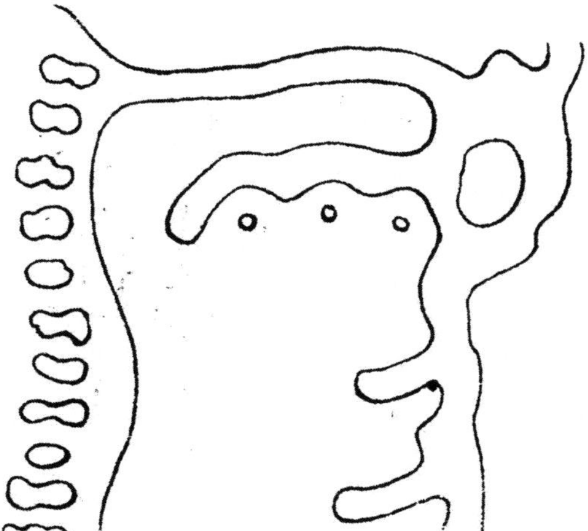

藜照堂傳

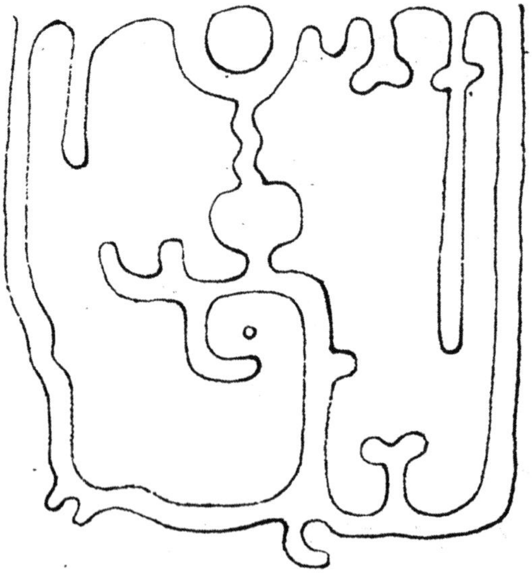

家秘本

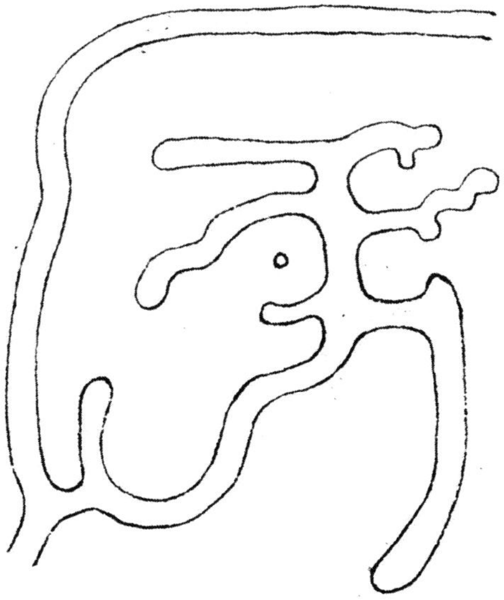

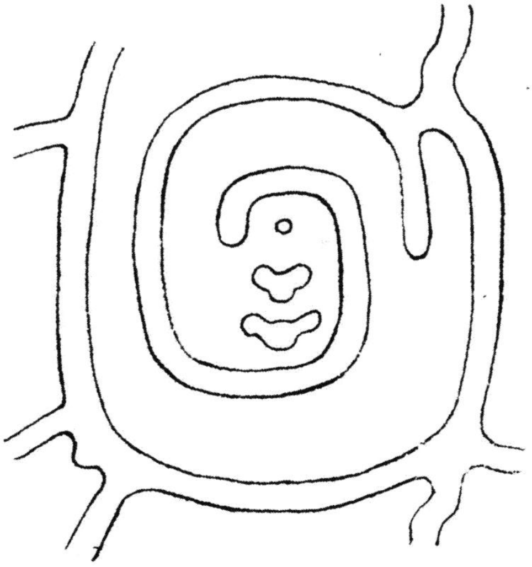

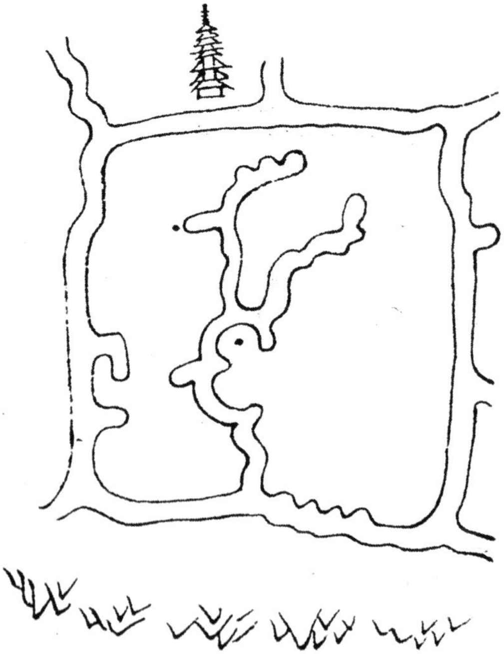

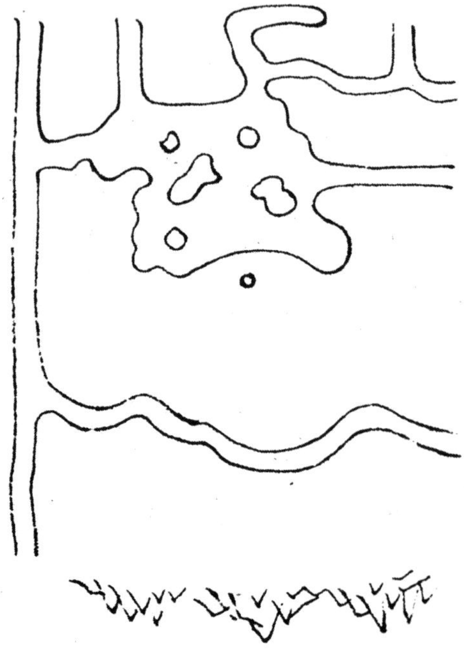

家秘本

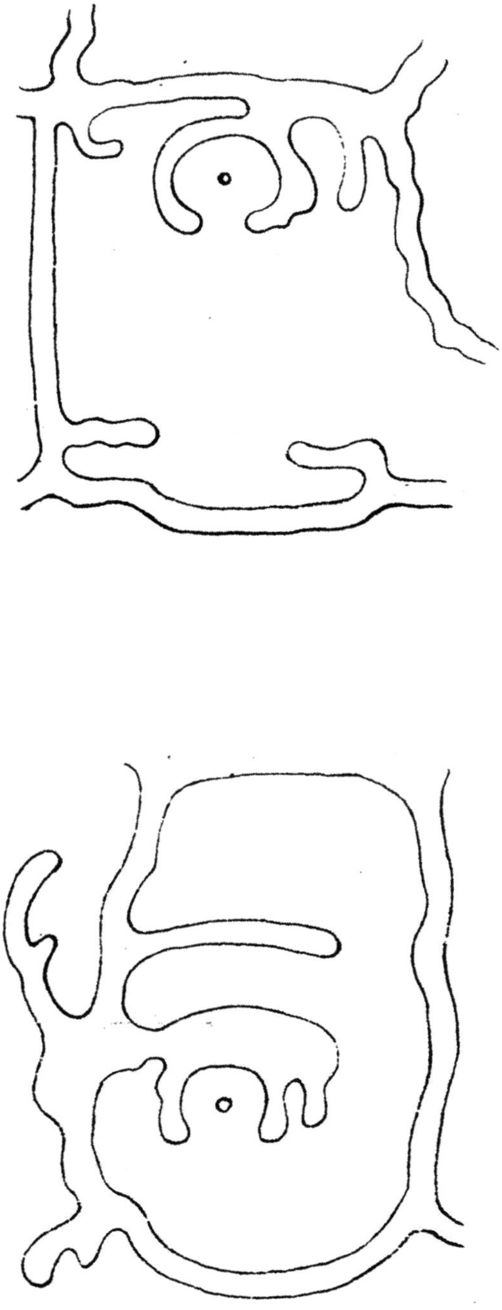

綦照堂傳

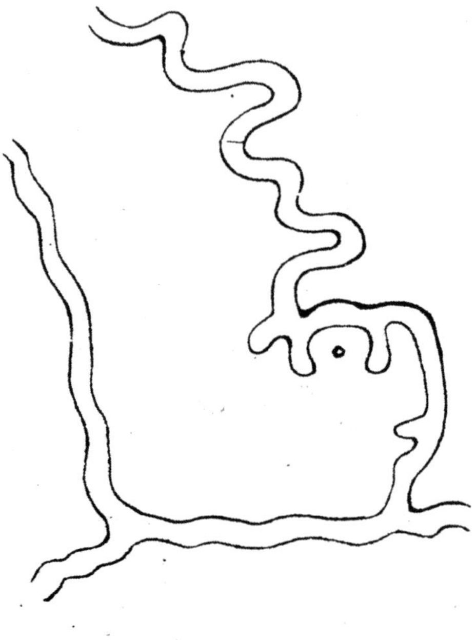

家秘本

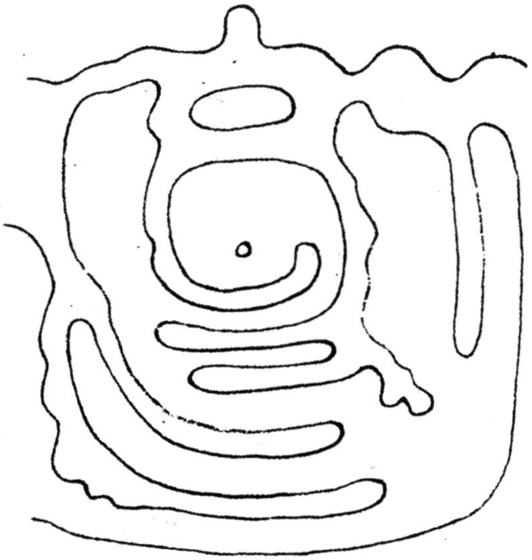

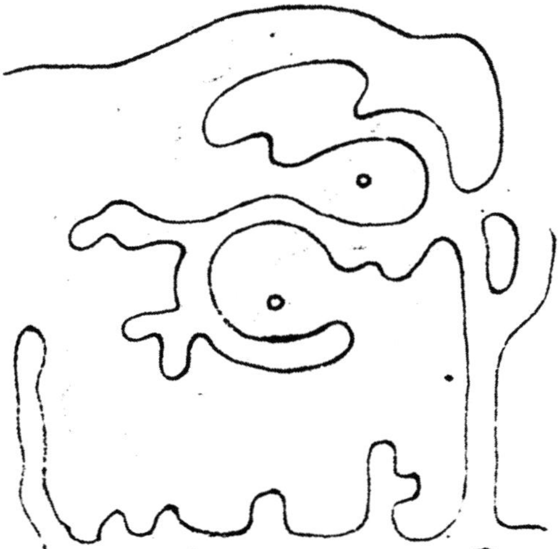

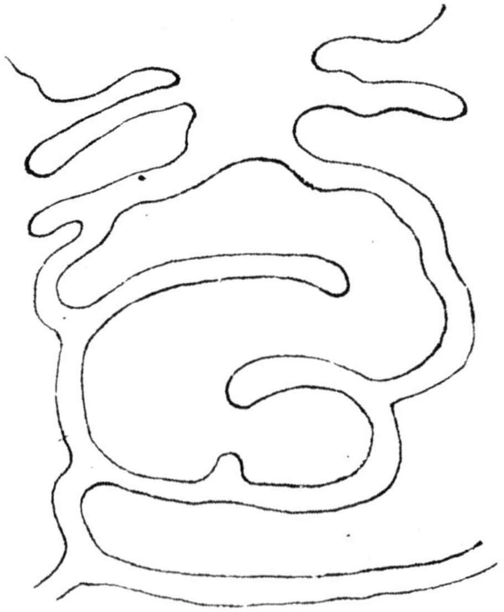

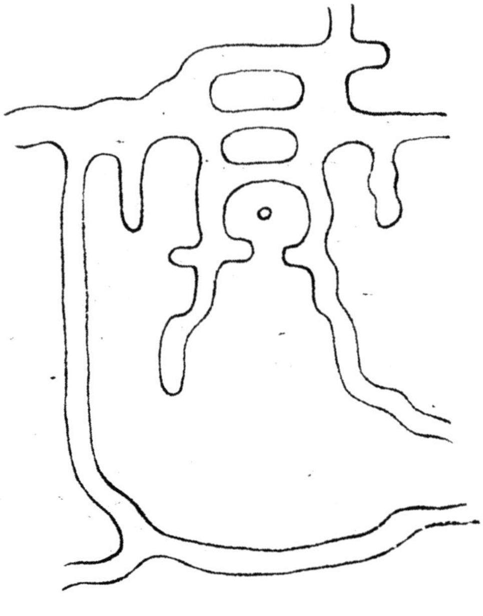

家秘本

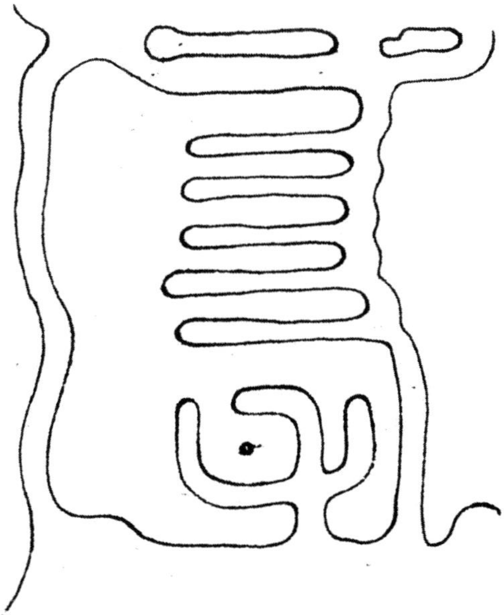

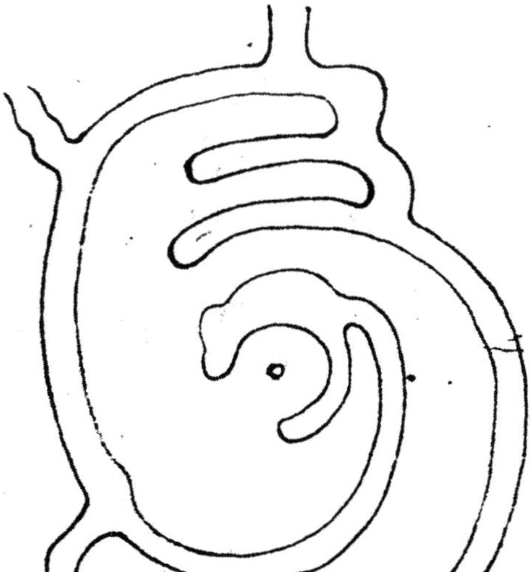

蔡照堂傳

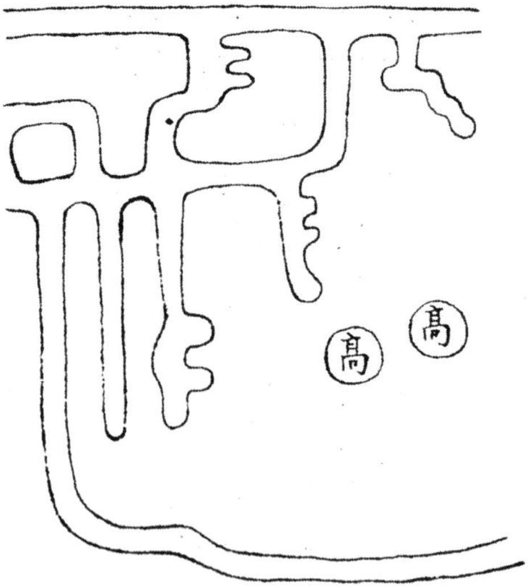

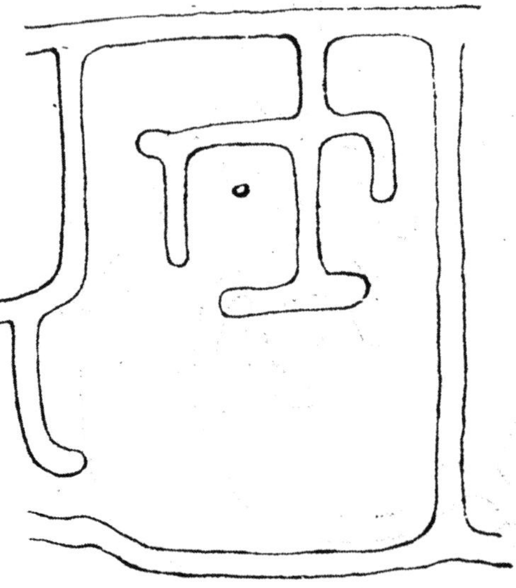

家秘本

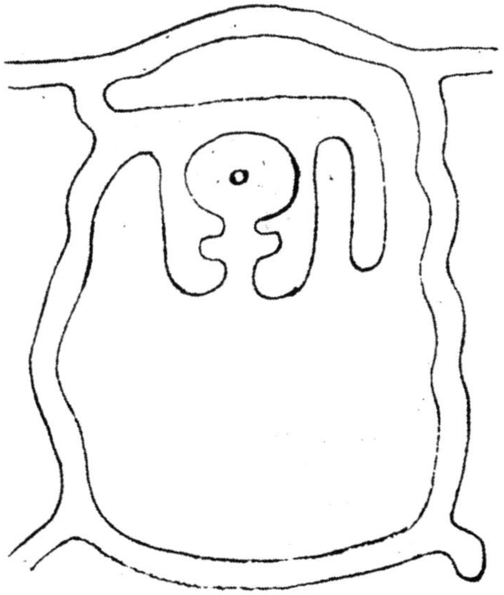

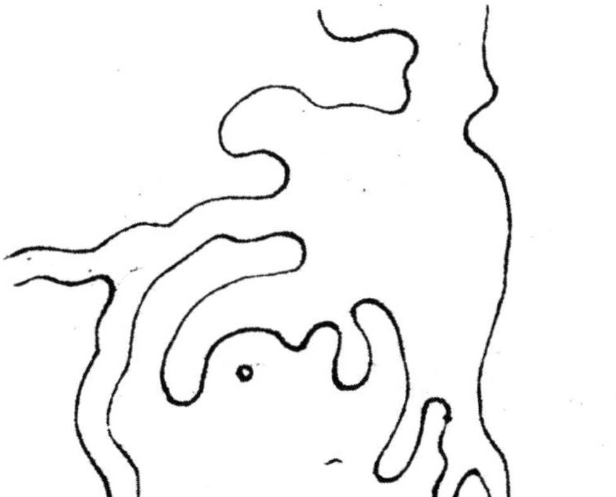

黎照堂傳

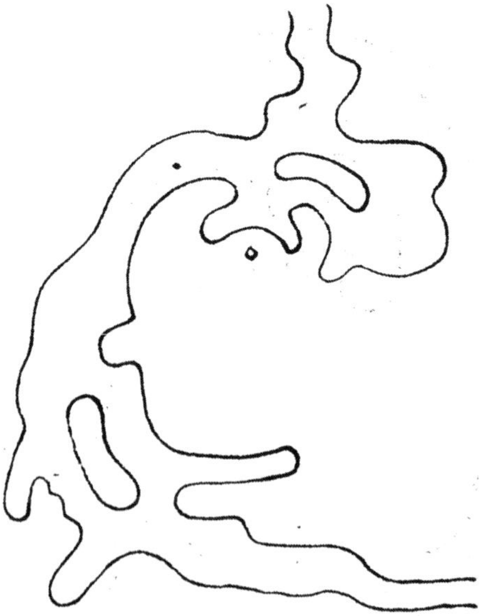

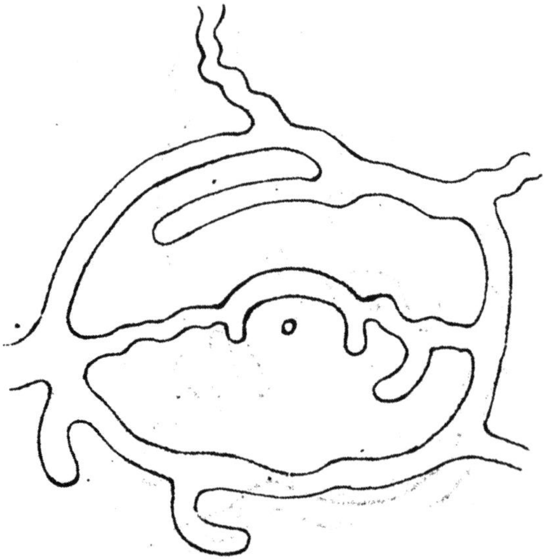

家秘本

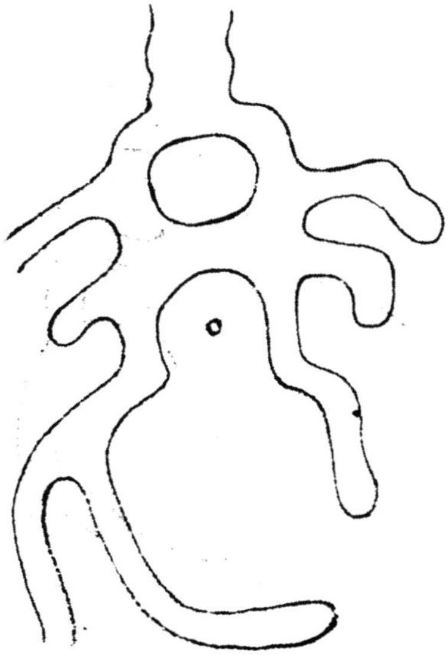

藜照堂傳

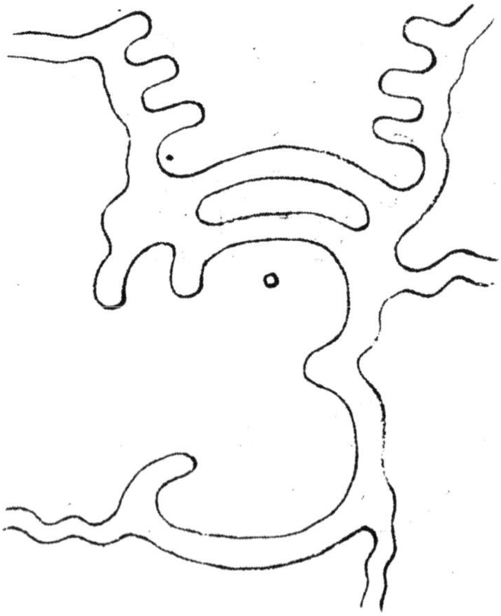

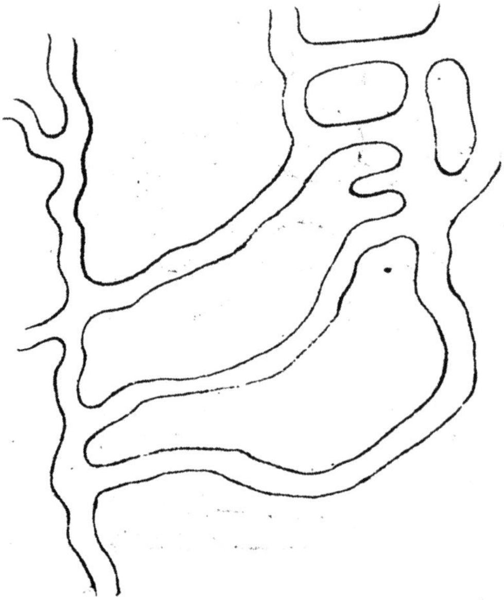

家秘本

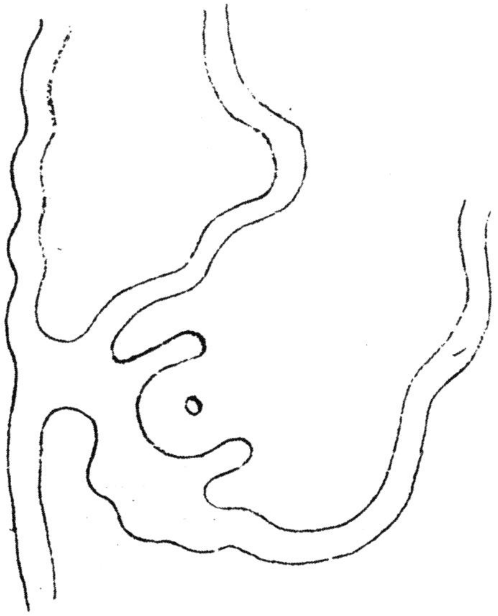

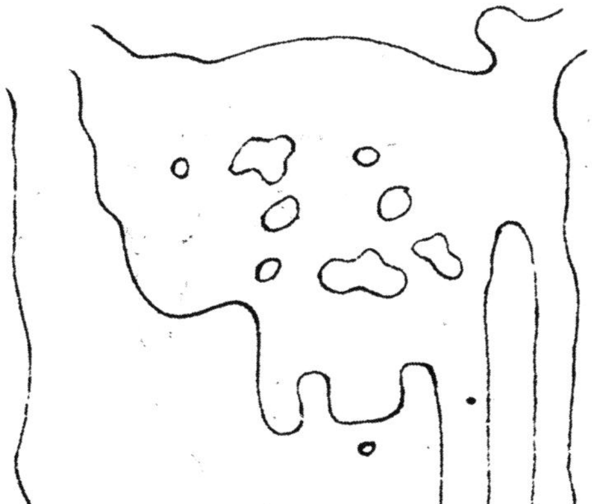

蔡熙堂傳

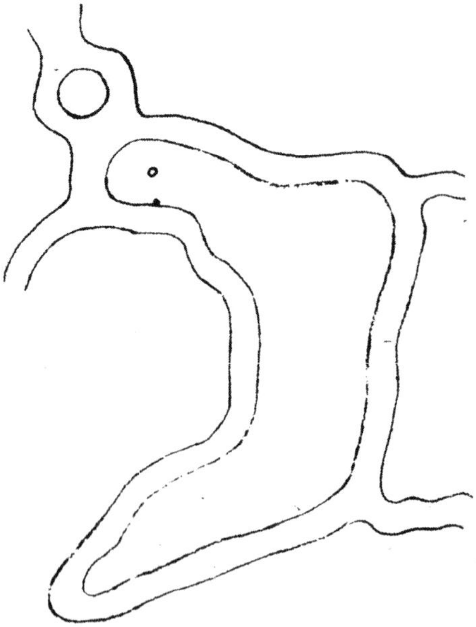

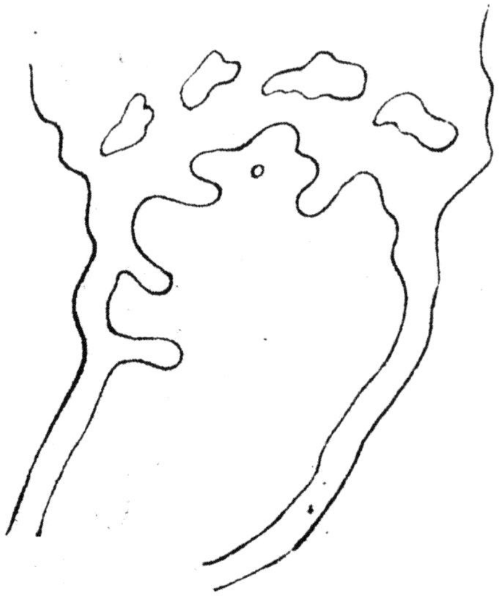

家秘本

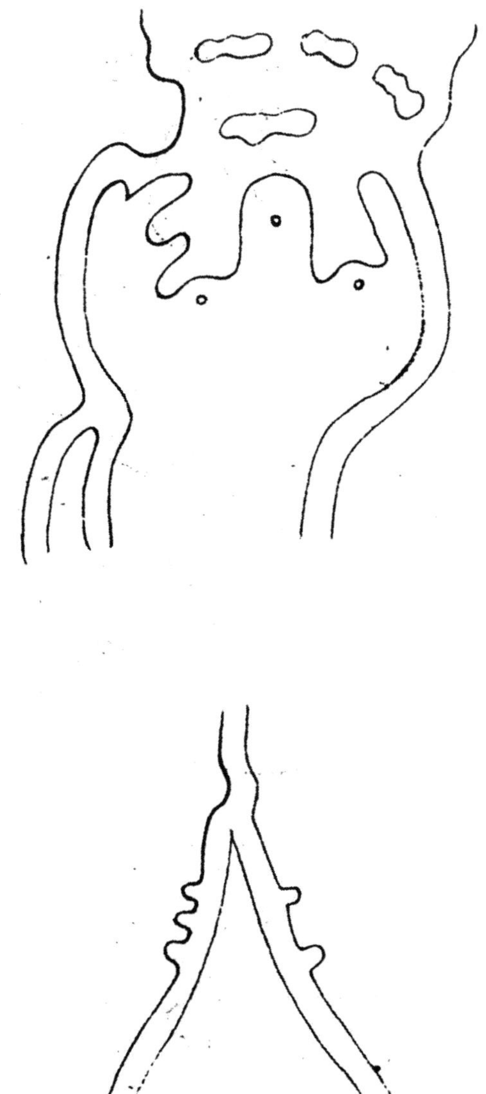

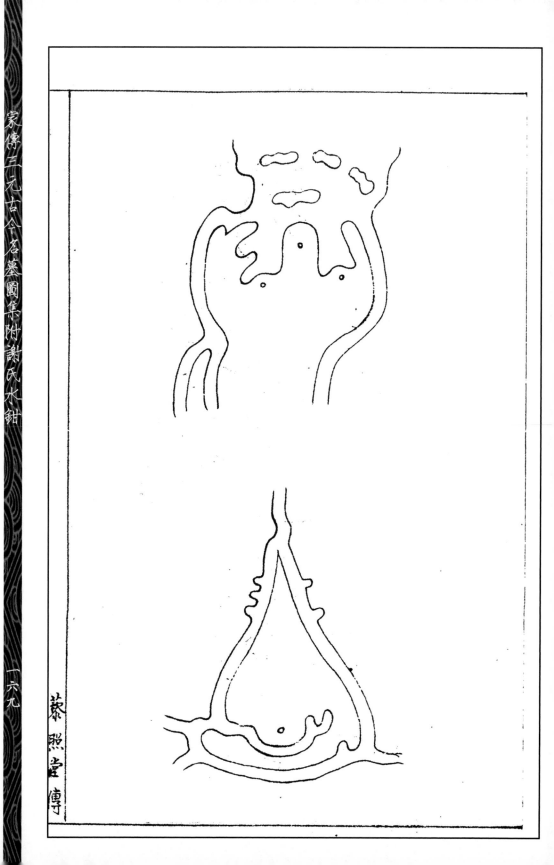

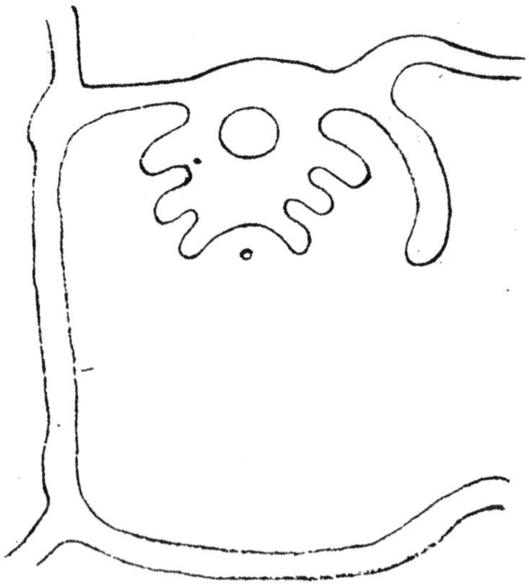

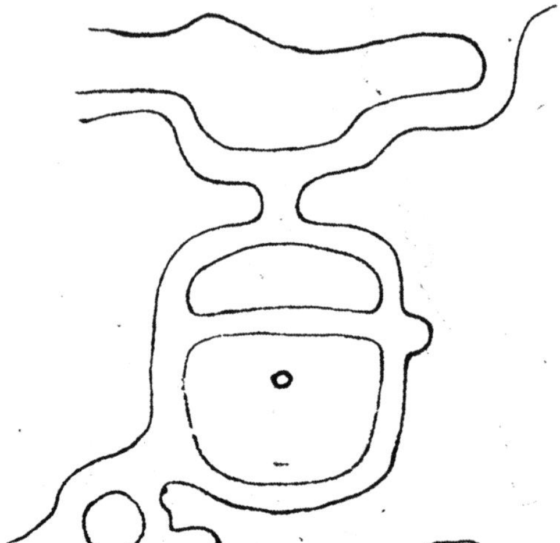

家秘本

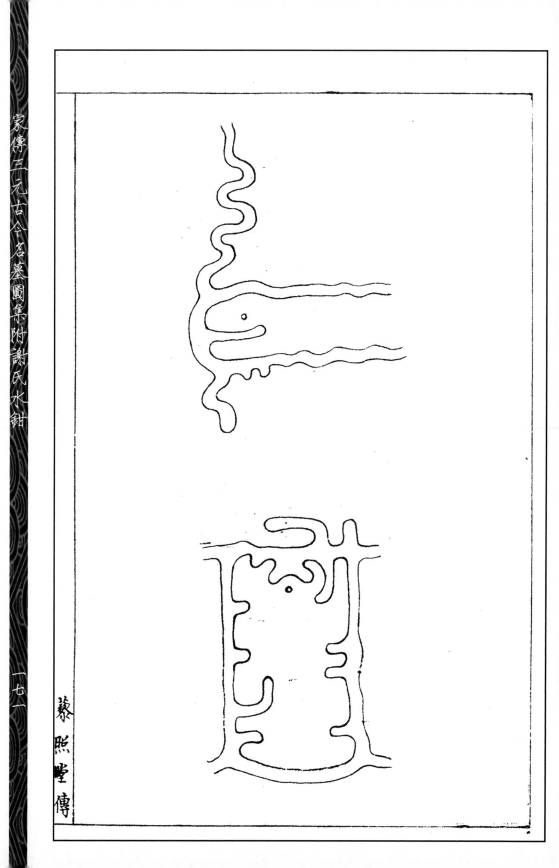

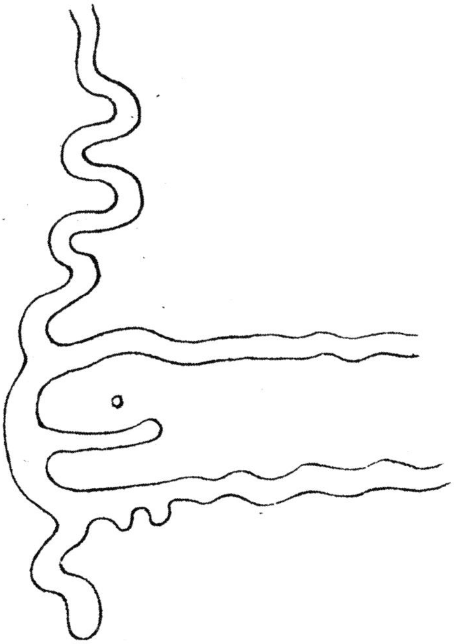

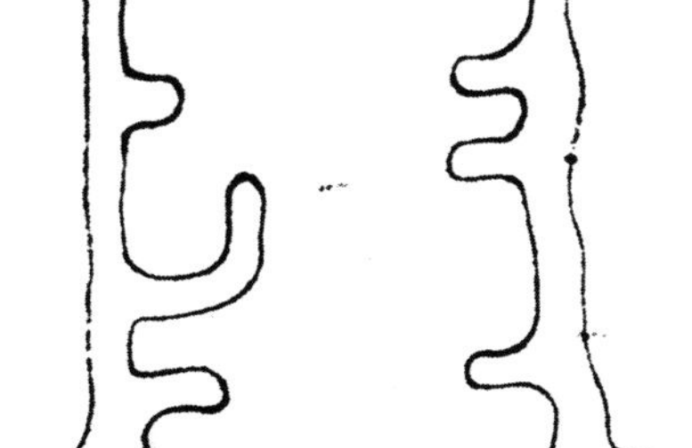

藜照壁傳

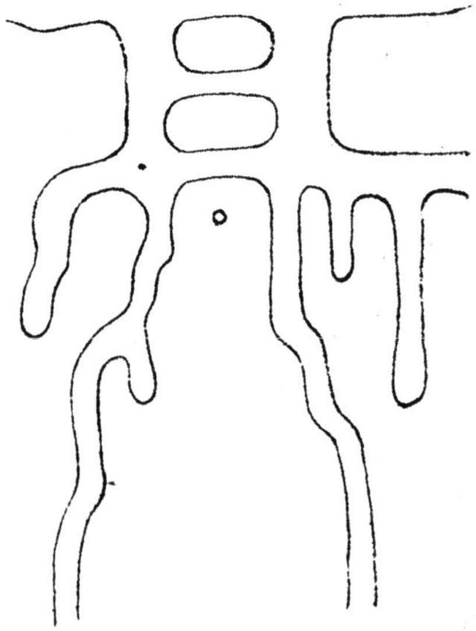

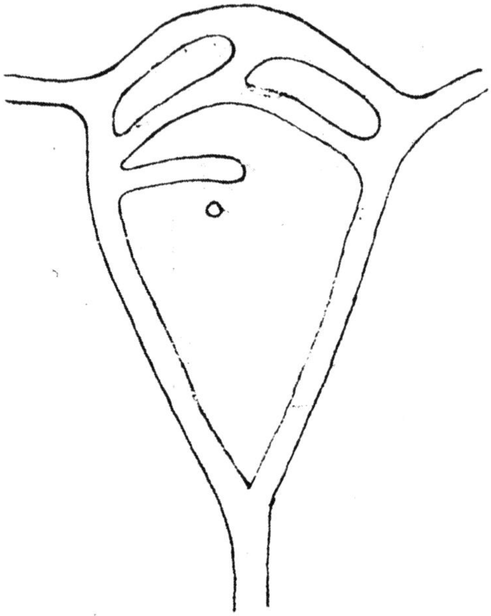

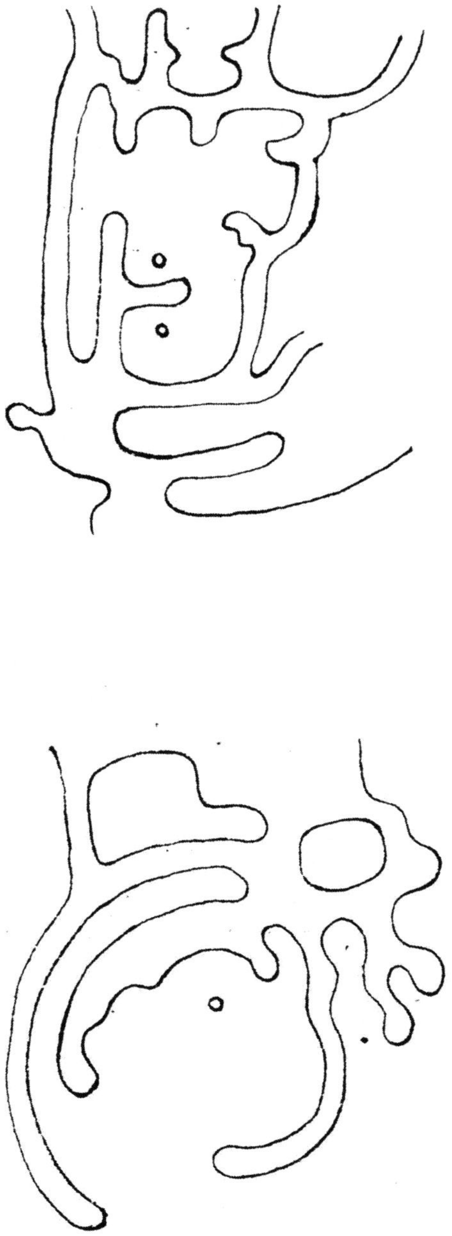

黎照堂傳

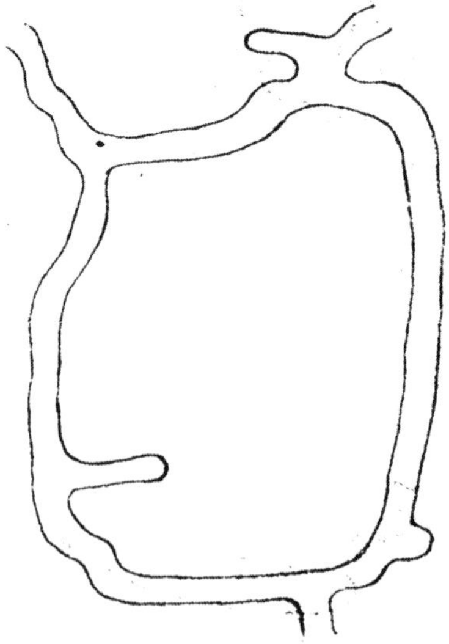

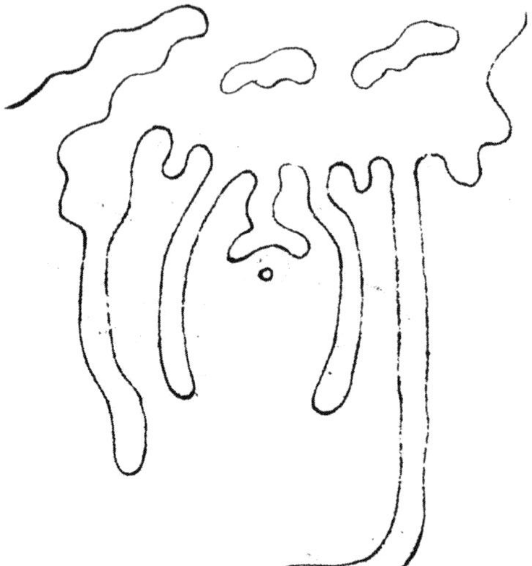

家秘本

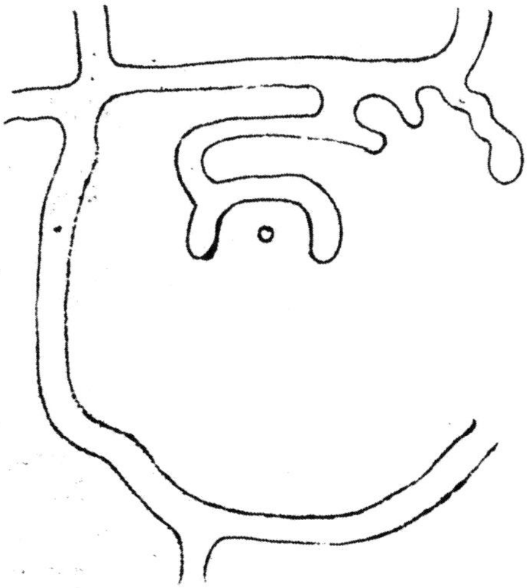

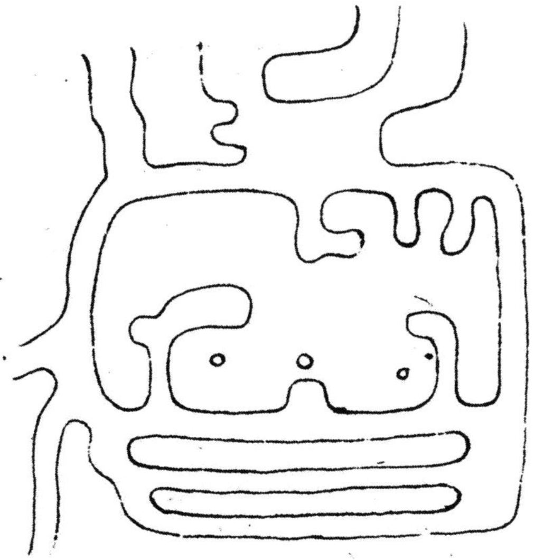

藜照堂傳

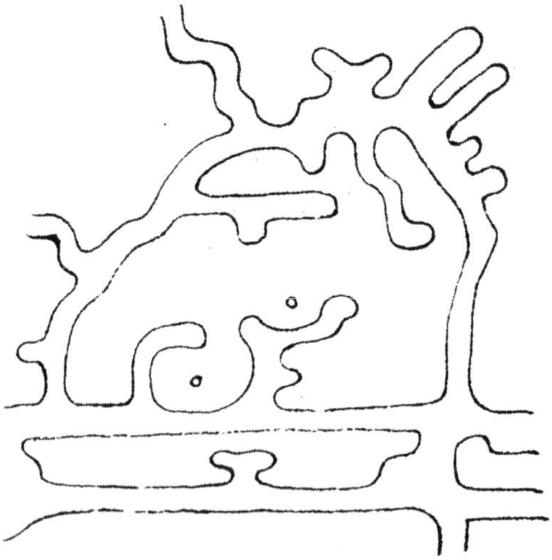

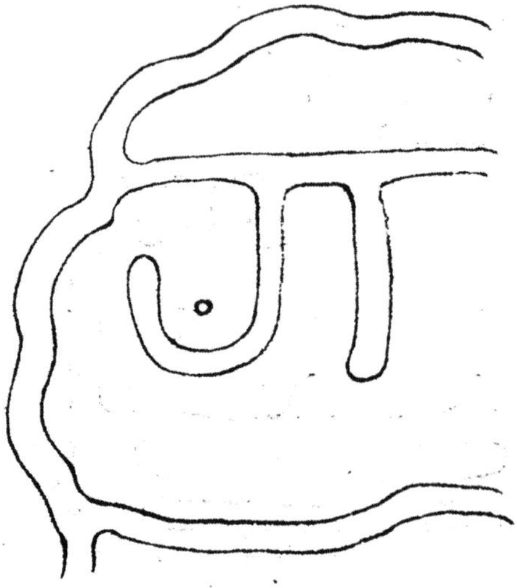

家秘本

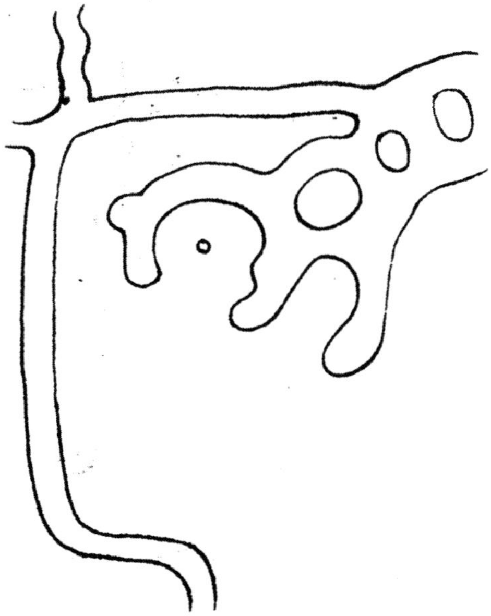

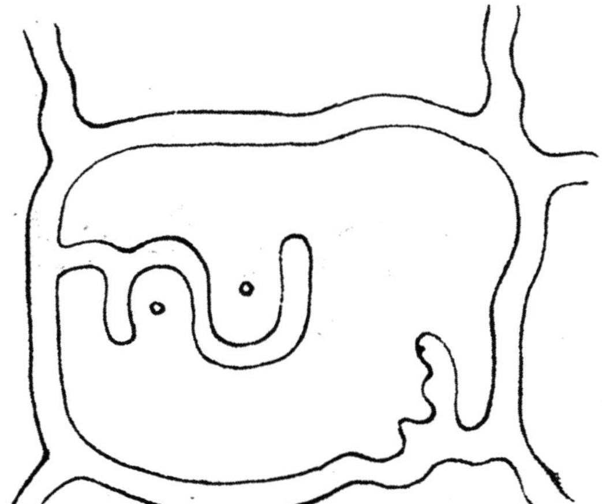

蔡照學傳

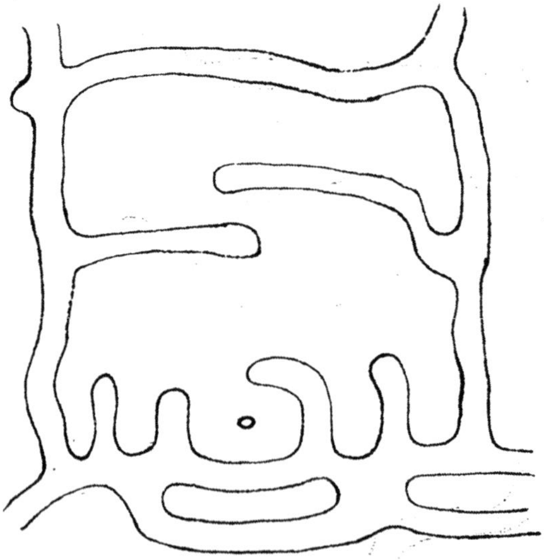

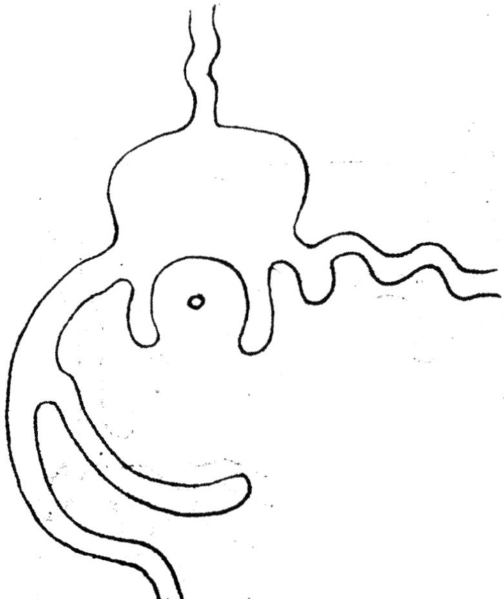

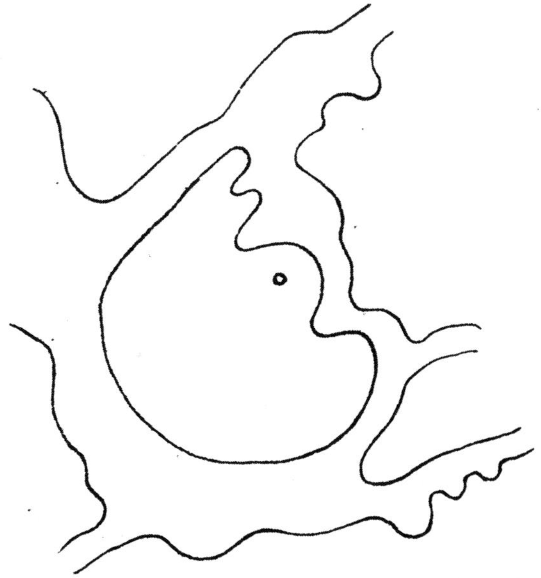

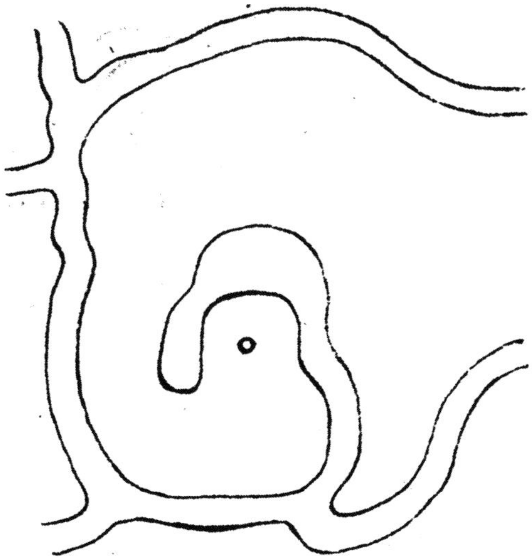

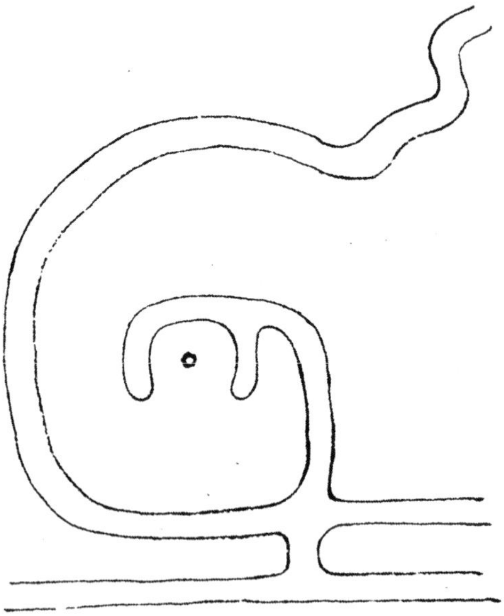

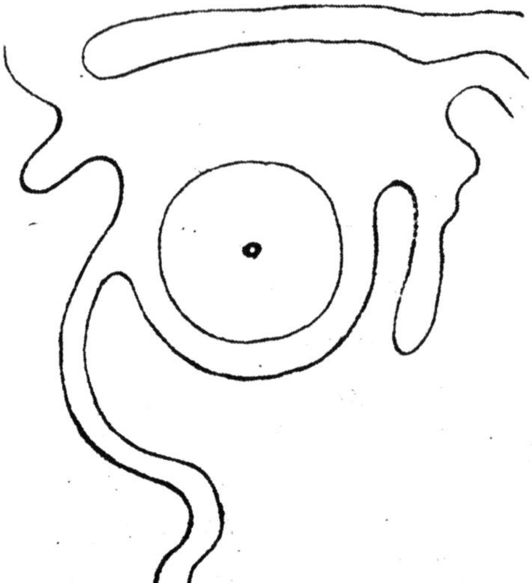

家秘本

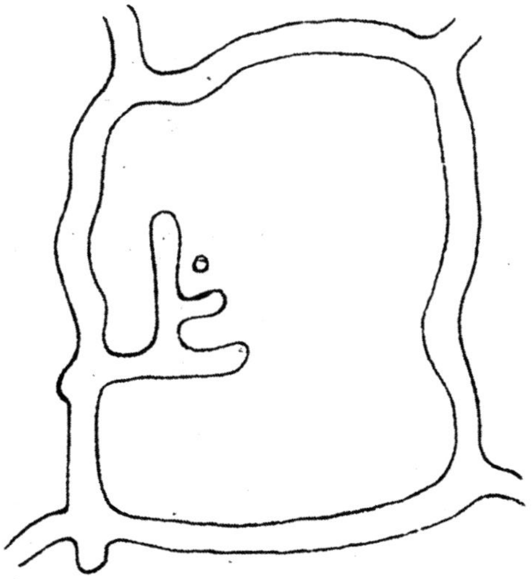

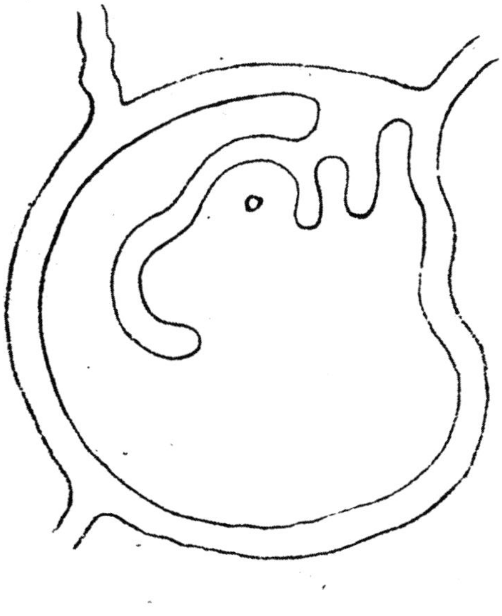

蔡照臺傳

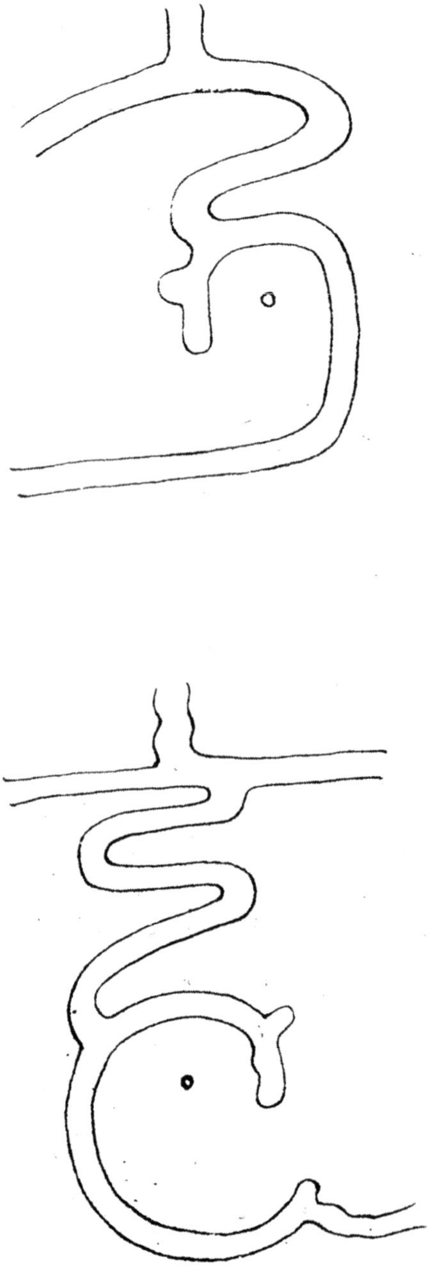

家秘本

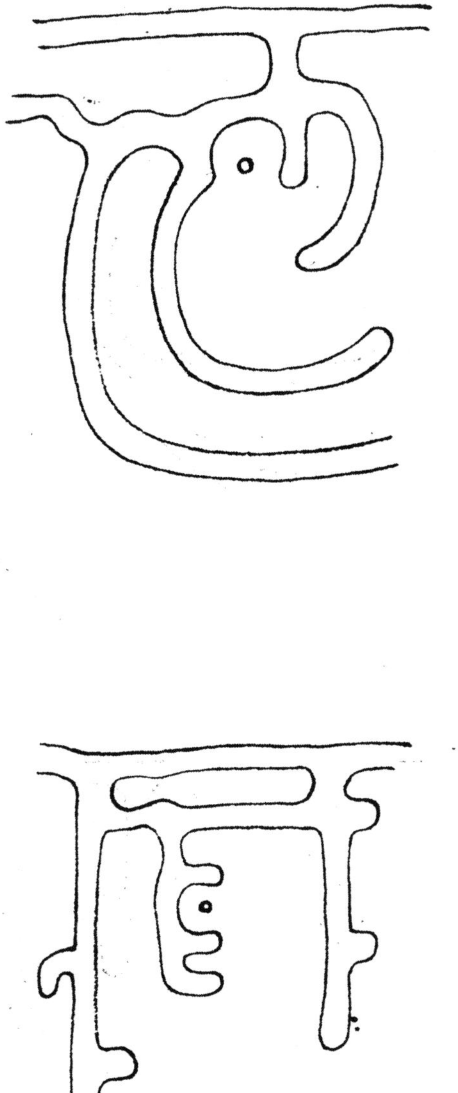

蔡熙堂傳

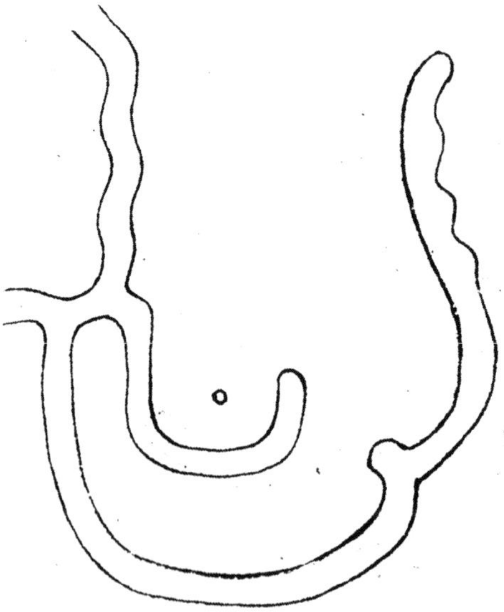

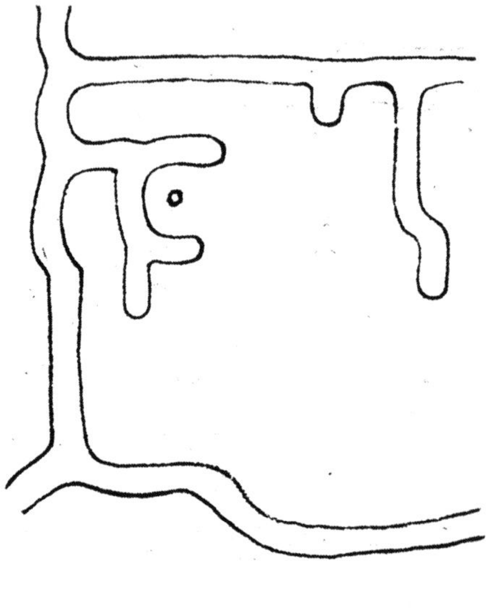

家秘本

蔡照堂傳

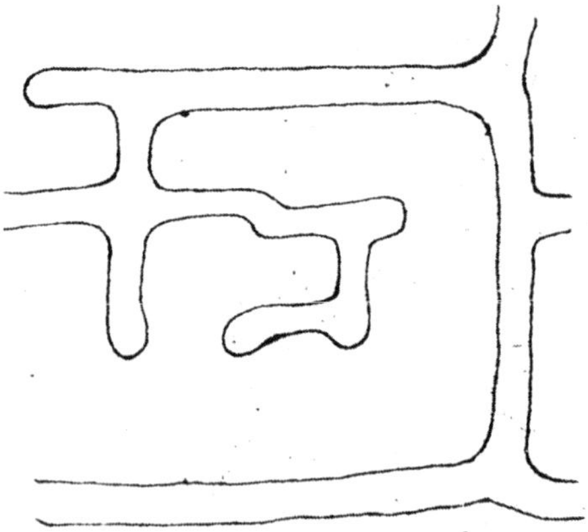

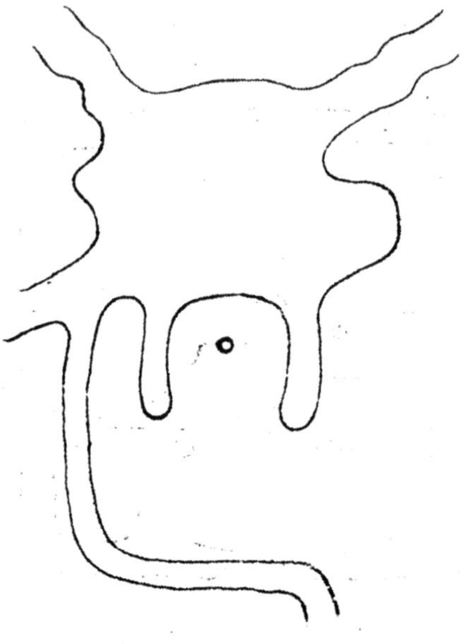

家秘本

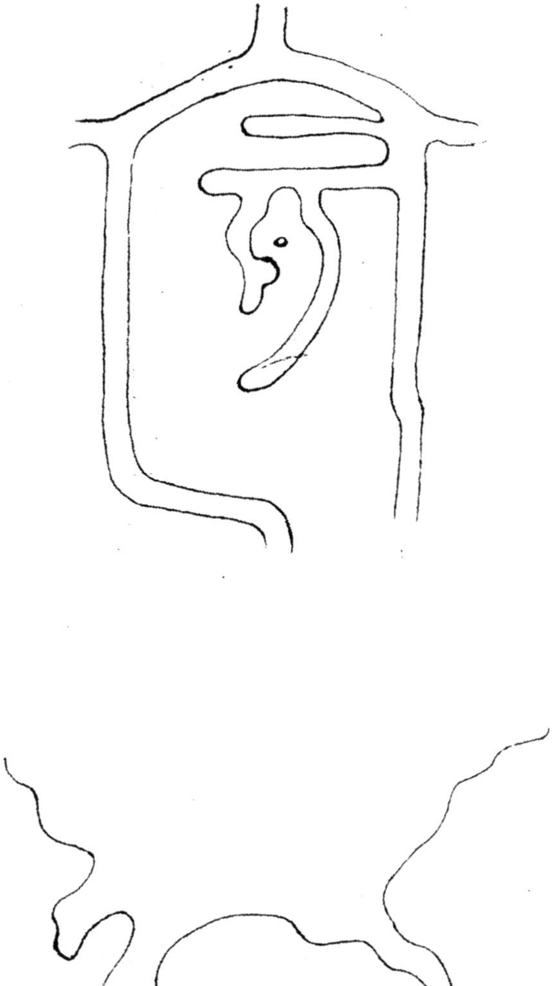

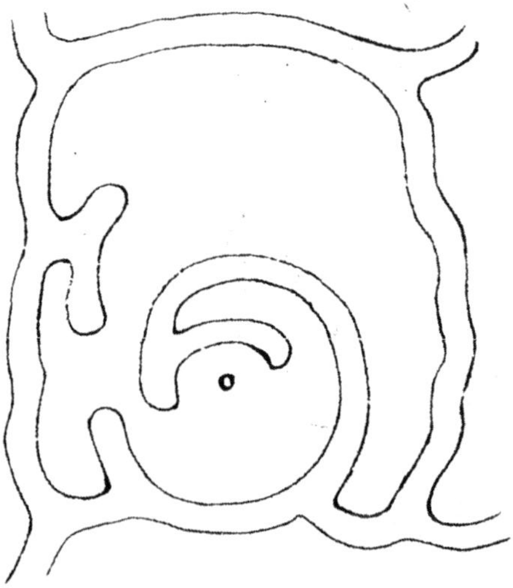

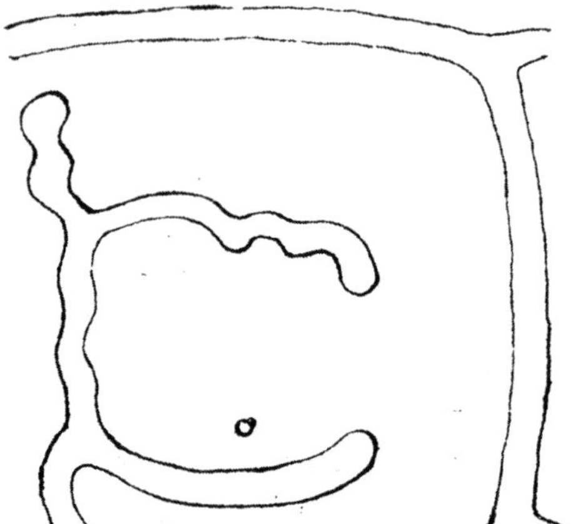

家秘本

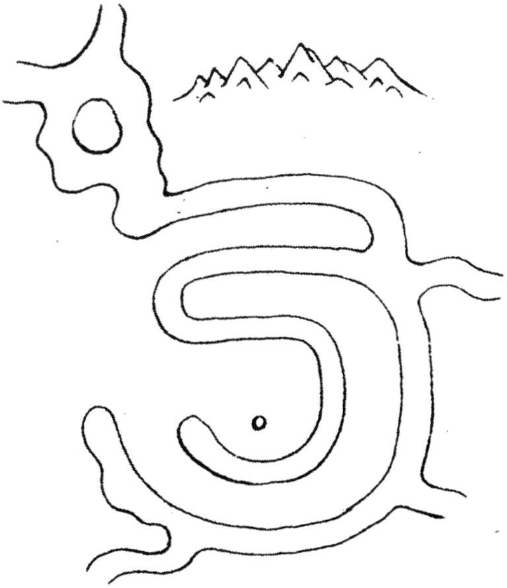

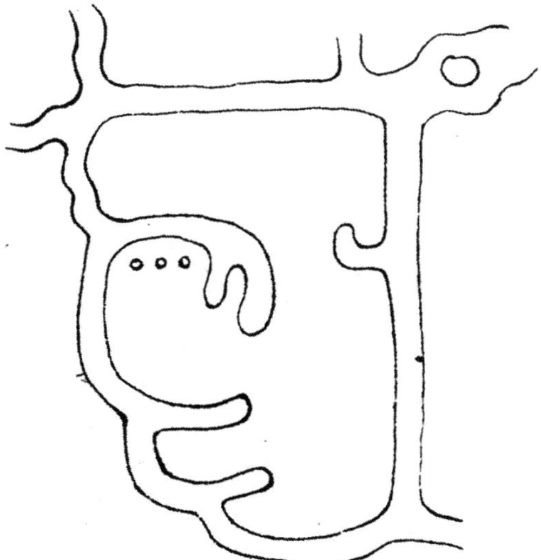

藜照堂傳

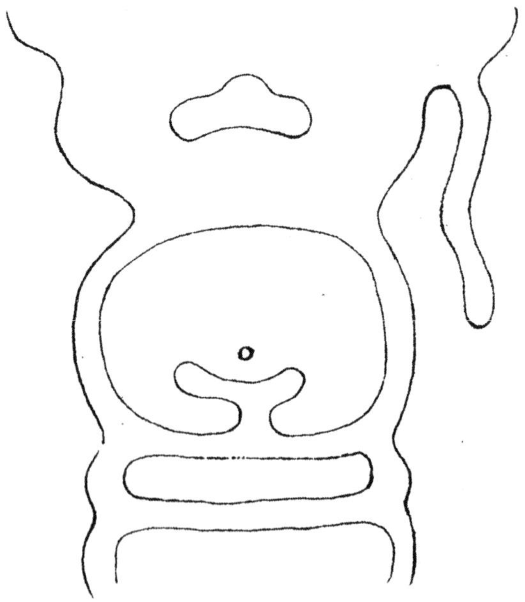

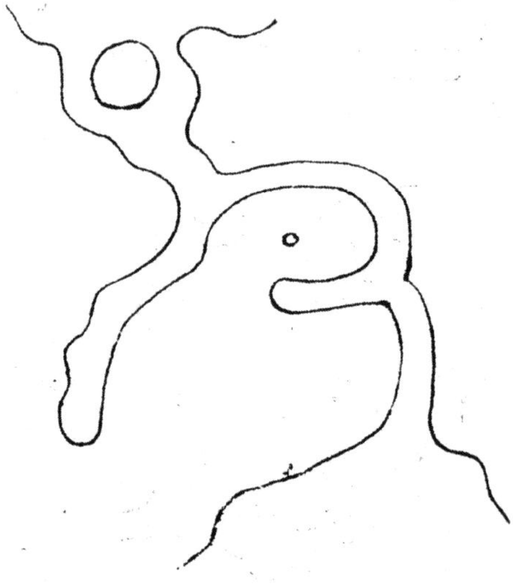

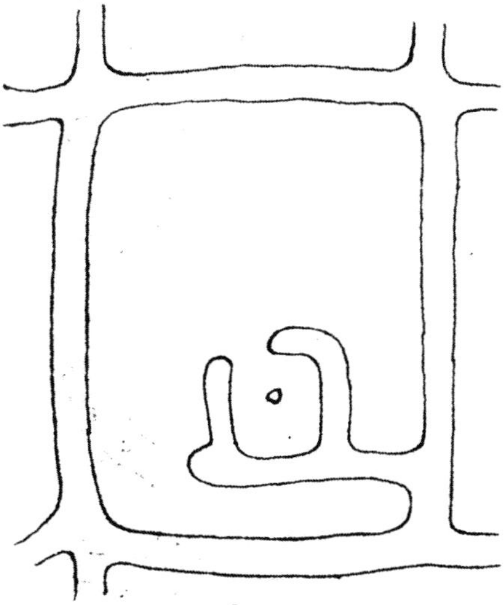

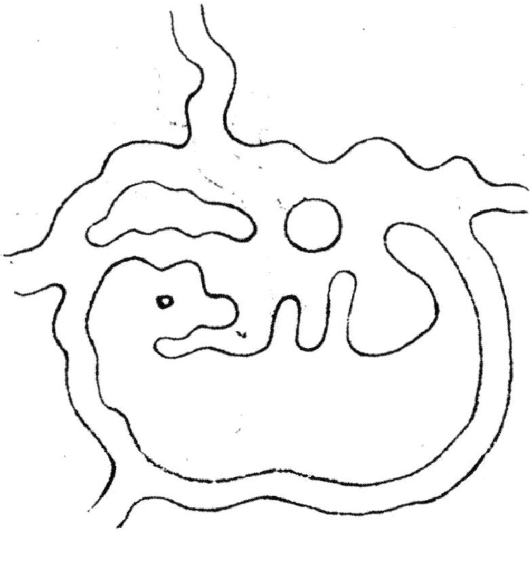

蔡熙堂傳

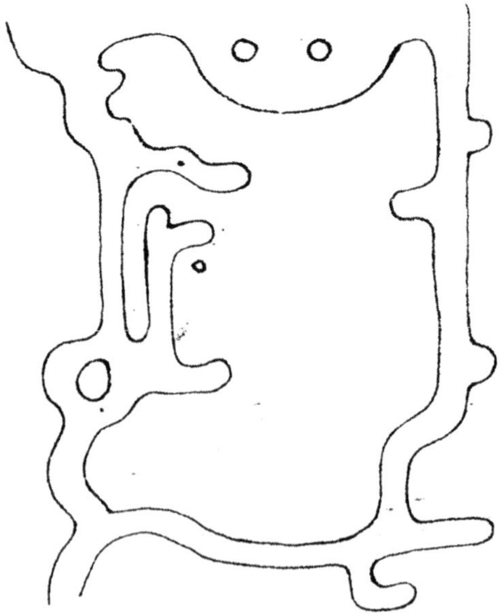

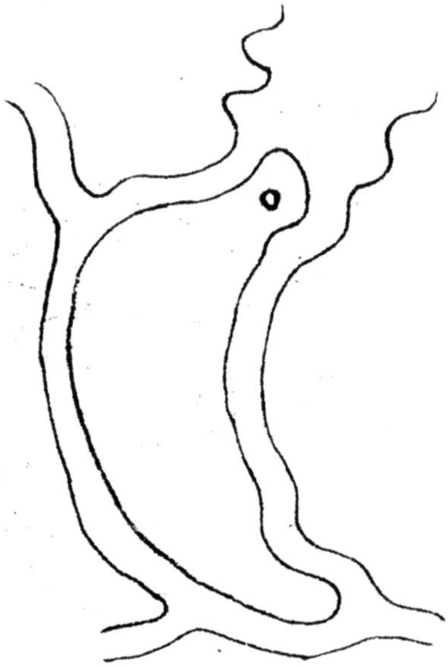

家秘本

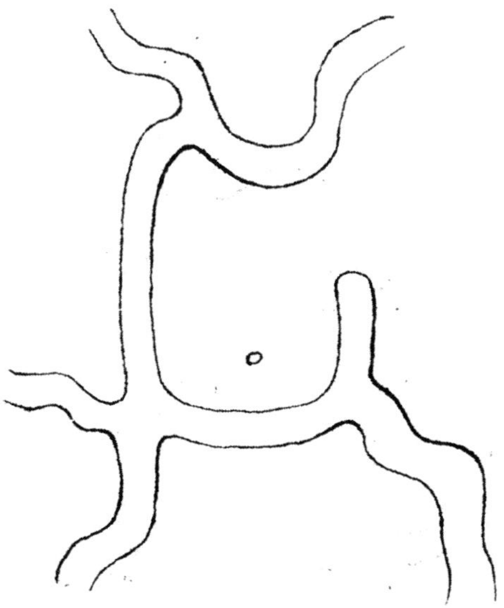

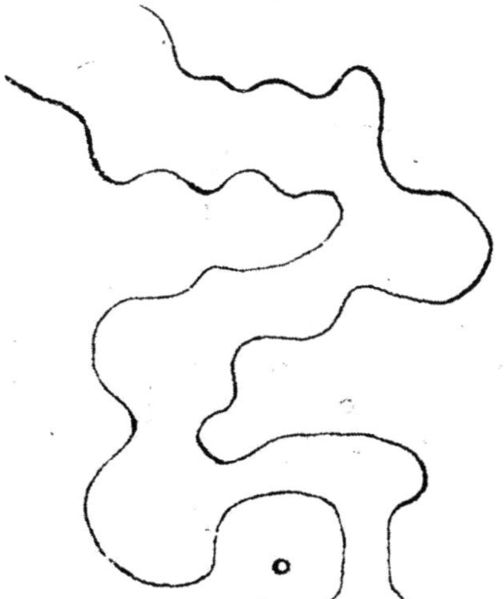

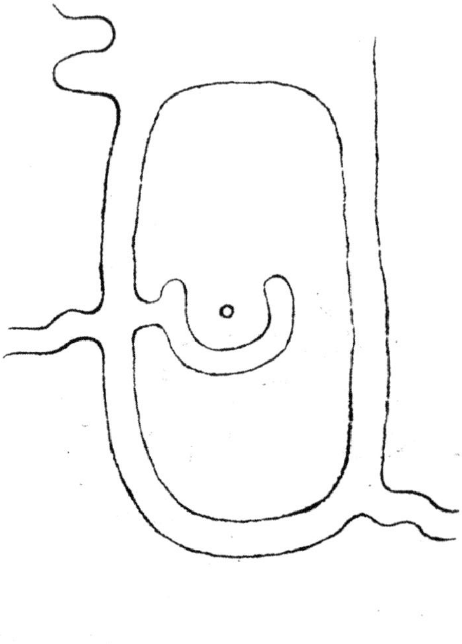

家秘本

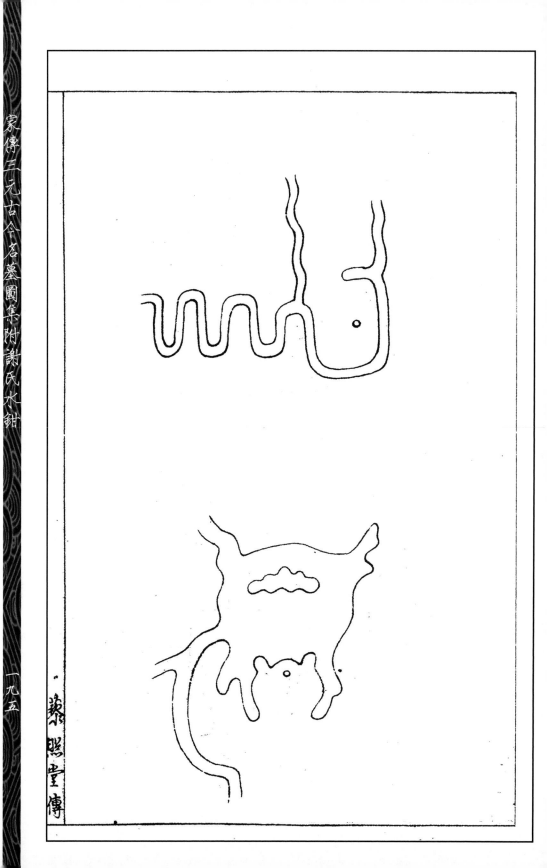

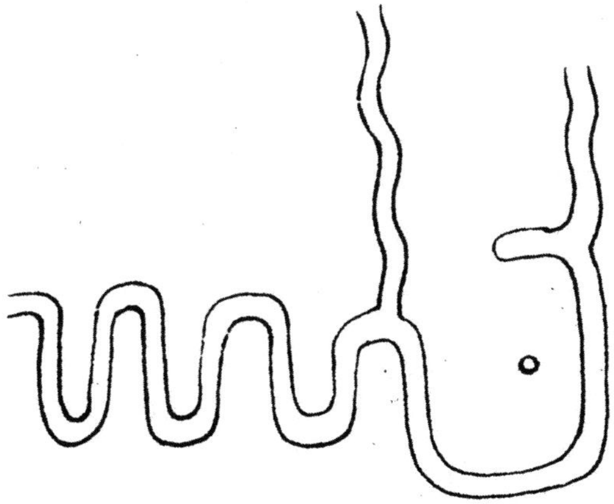

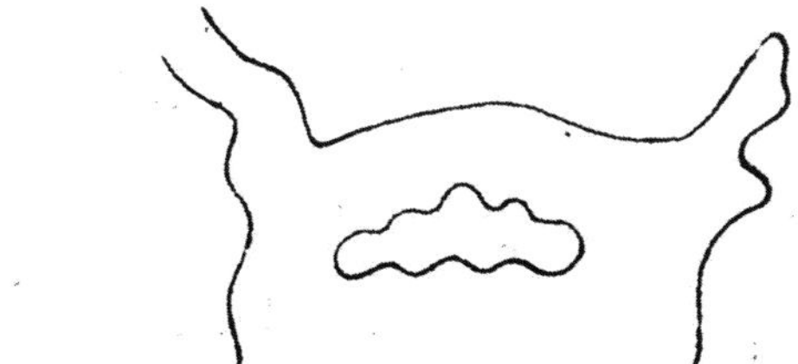

藜照堂傳

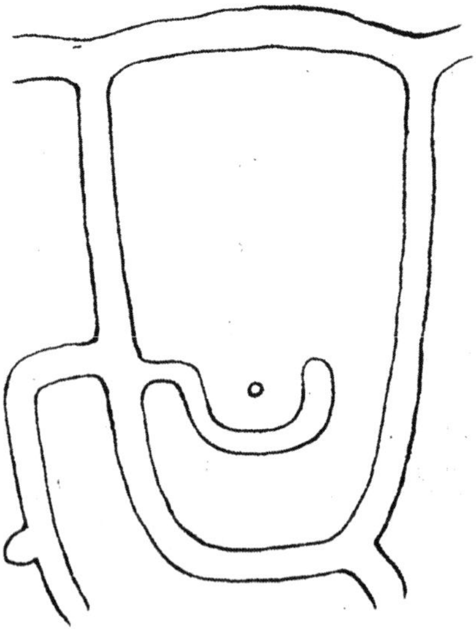

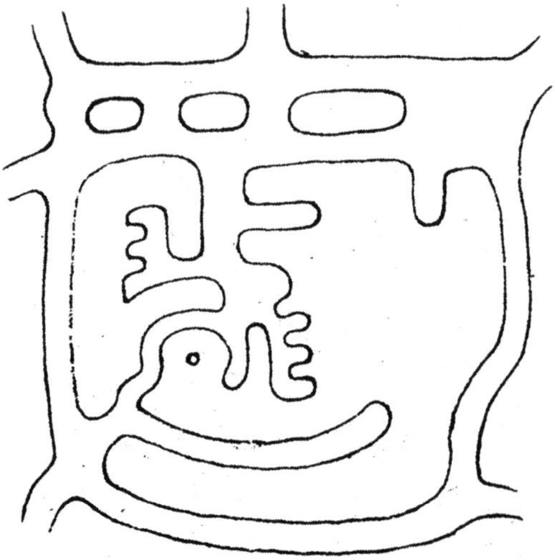

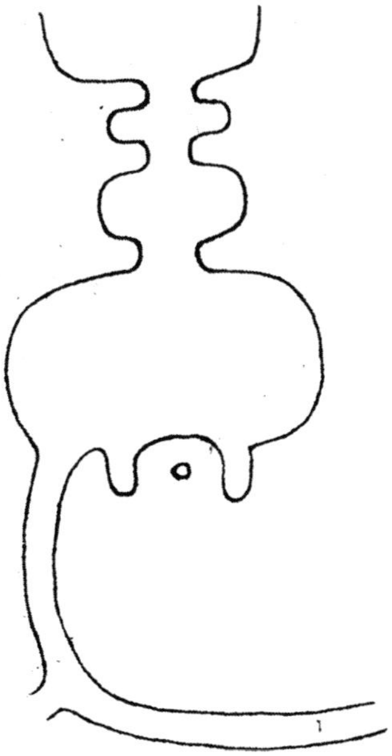

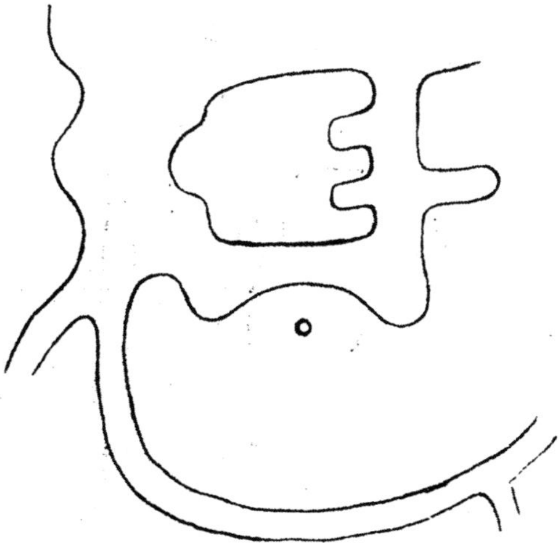

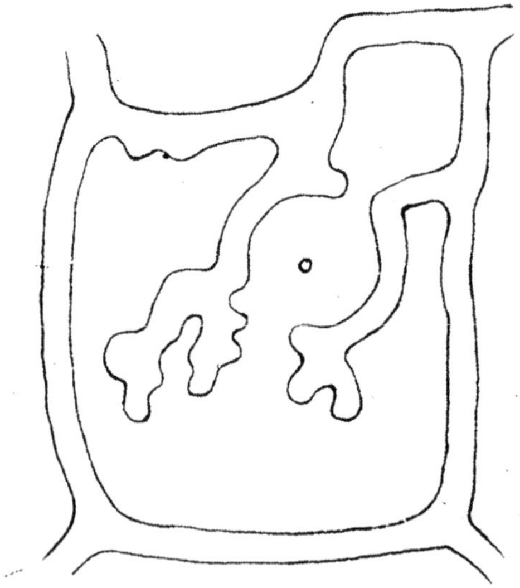

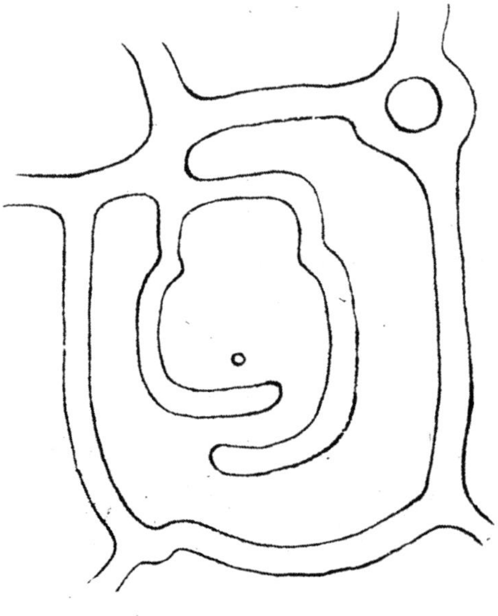

家秘本

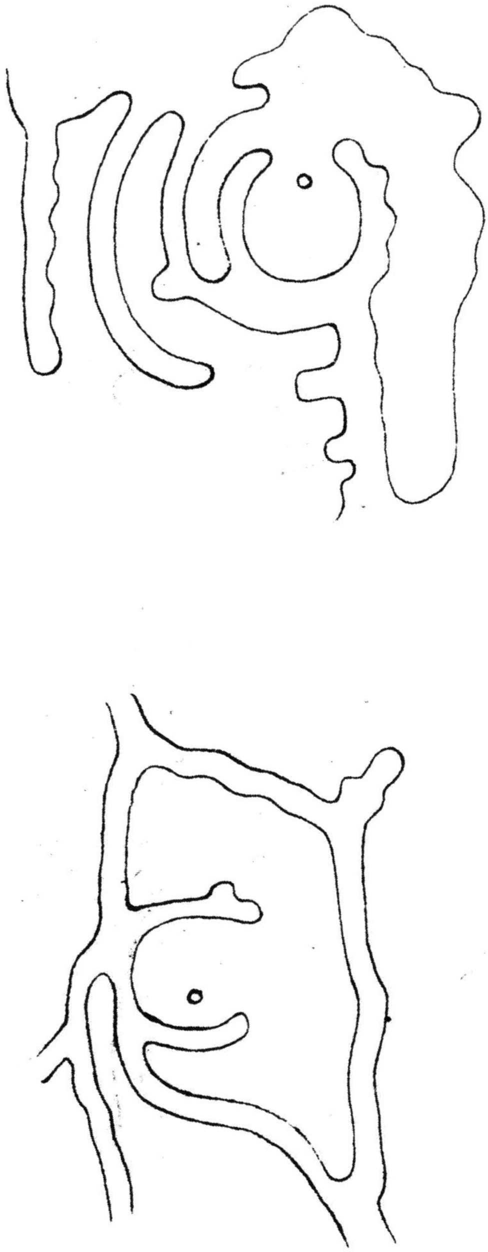

慕熙堂傳

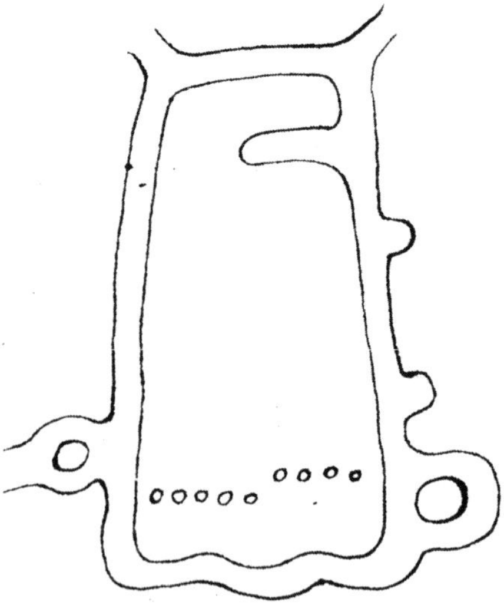

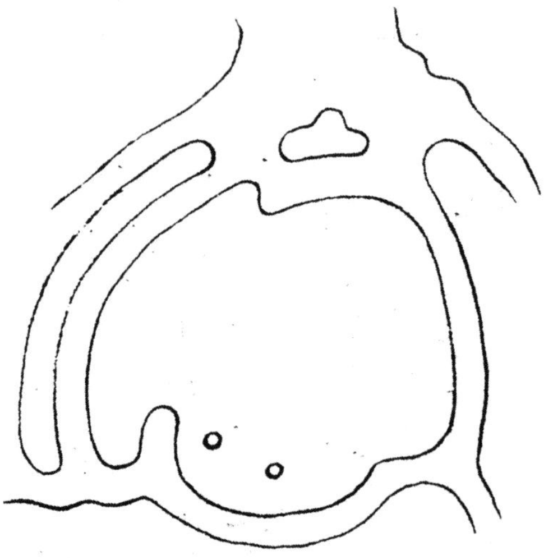

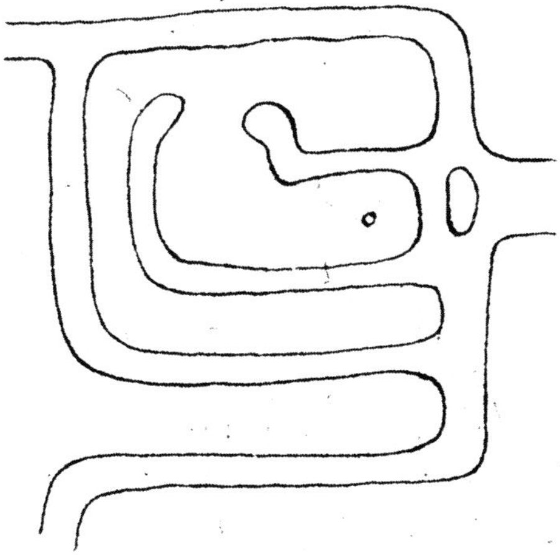

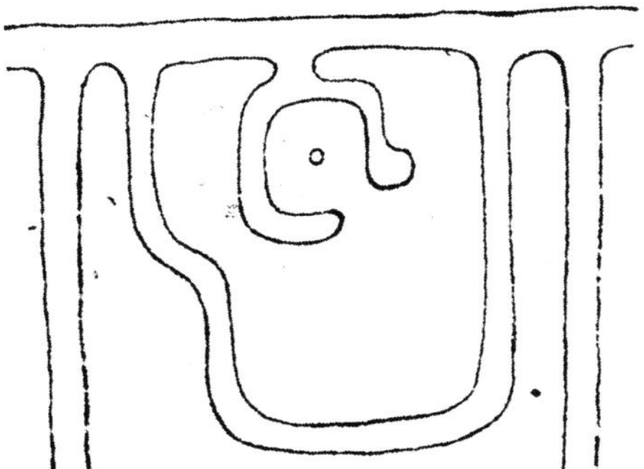

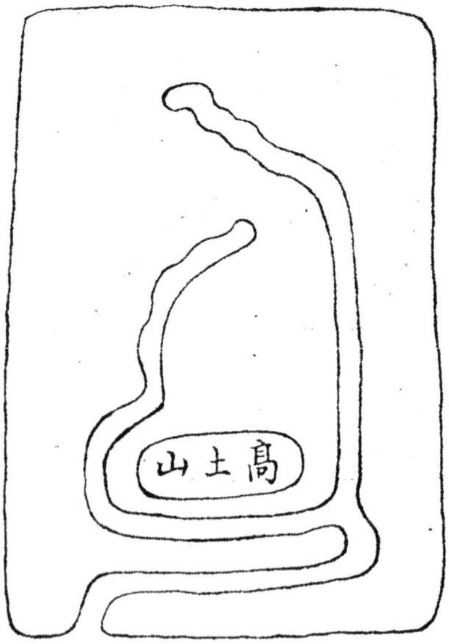

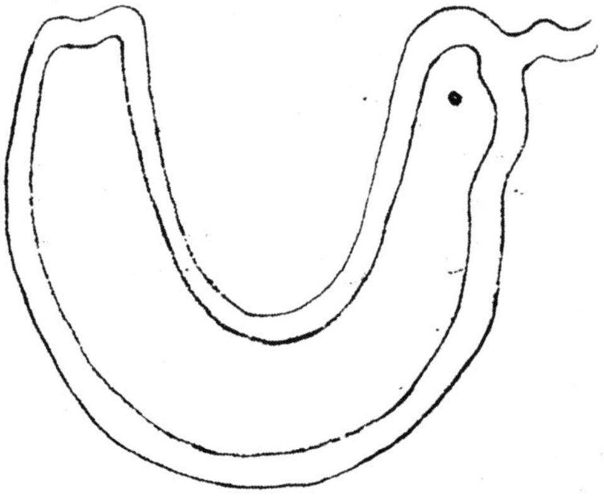

家秘本

古今名墓圖小引

地理之覆驗舊蹟蓋以古證今以心印心之實學也覆驗一地焉必細察古人之作法或者其高出於我乎或者其猶未盡善乎當就其所作而斷其應發於何時諸如歷世之長短官職之崇卑皆為之論定然後考其應驗與我之論斷相符否如其皆合也則吾學可以自信少有不合即我學有未到也夫舊蹟之應驗無差而俗術之品題多妄不得真諦則捫燭揣槃而百無一得苟得真諦則如鏡照物而纖毫不爽苐天壤之大名墓之多必欲遍歷而目接之是豈人力所能及故取古今名墓之散見

蔡熙堂傳

於羣書及諸同人目之所及而手繪焉者予悉収羅之彙為一編卜氏有云看格尤勝看書斯言也得毋謂格實而書虛耶令予斯編一展卷而不啻身歷其境是一舉而書格兩得之矣寧不遠勝於跋涉山川也哉其中所發之年世間有一二可考稽者并詳誌之以竊附於蔣公水龍經之後丁卯孟秋月後覺子樂山氏筆記

古今名墓圖

三碧向乾得巽助旺也震得坎生氣也
爲之神藏煞没主三元不敗
震方生二支可葬一穴三支二穴四支
三穴五支四穴

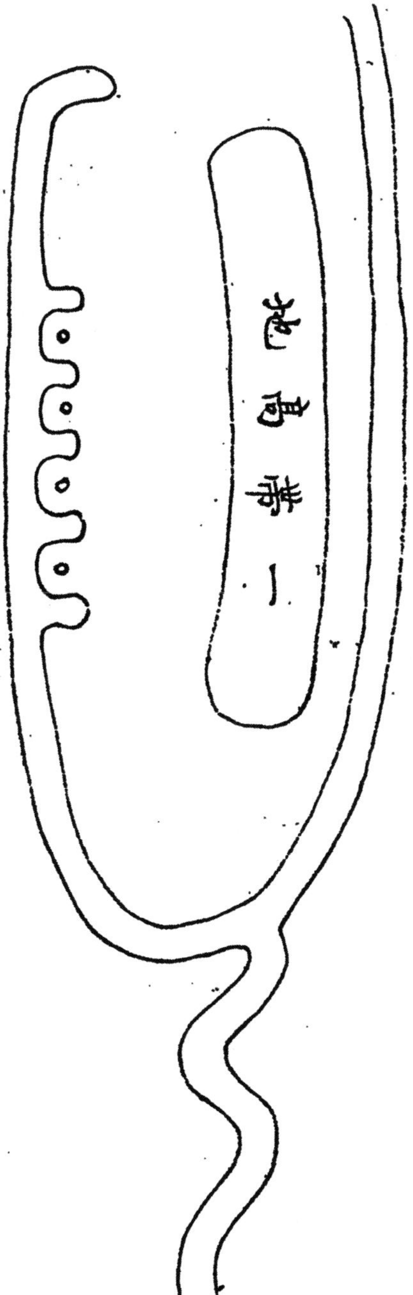

定海薛氏三尚書祖墓慕講師扦

蔡熙堂傳

家秘本

幕講師扦

坎向。坎得。六乾。巳。坤得。兌。主。三。元。不。敗。

即坎。前。乾。兌。之。鄉。無。艮。坤。五。黃。之。衛。滿。盤。生。氣。

一卦。清。純。矣。

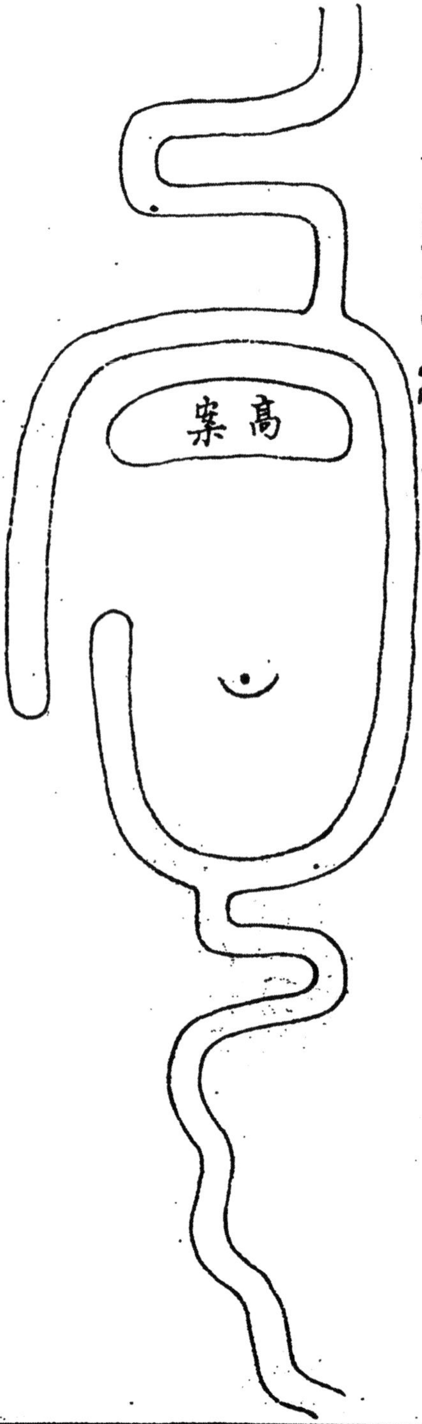

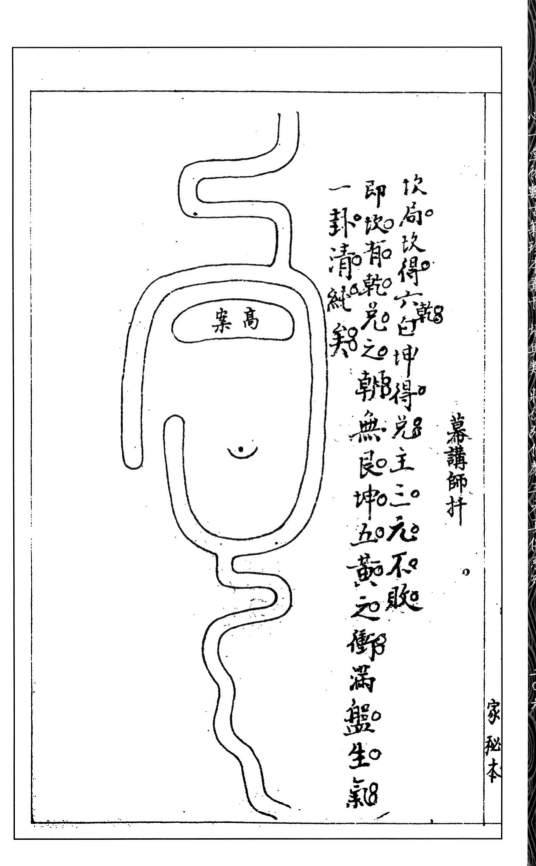

李尚書祖地子山午向先發長房後發小房富貴多壽幕講師扦

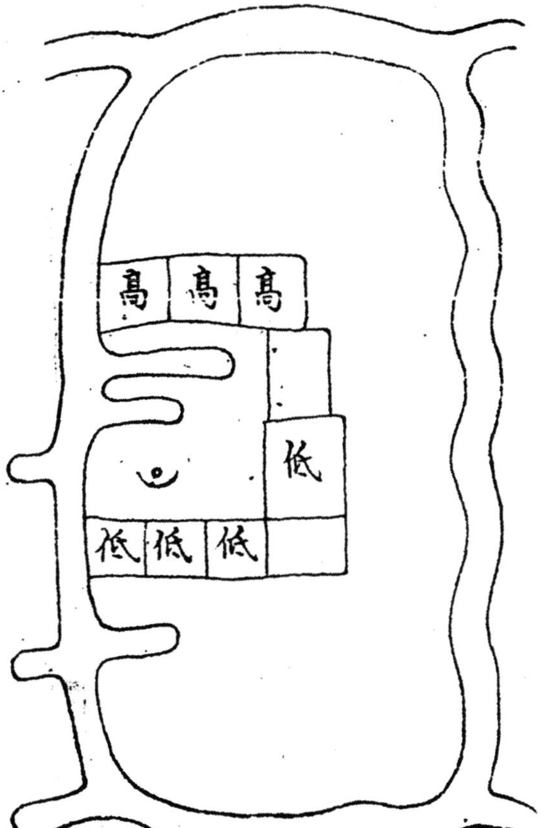

主太守祖地幕講師扦

東北一穴艮向離到乾艮到坤々到五黃生旺滿盤矣

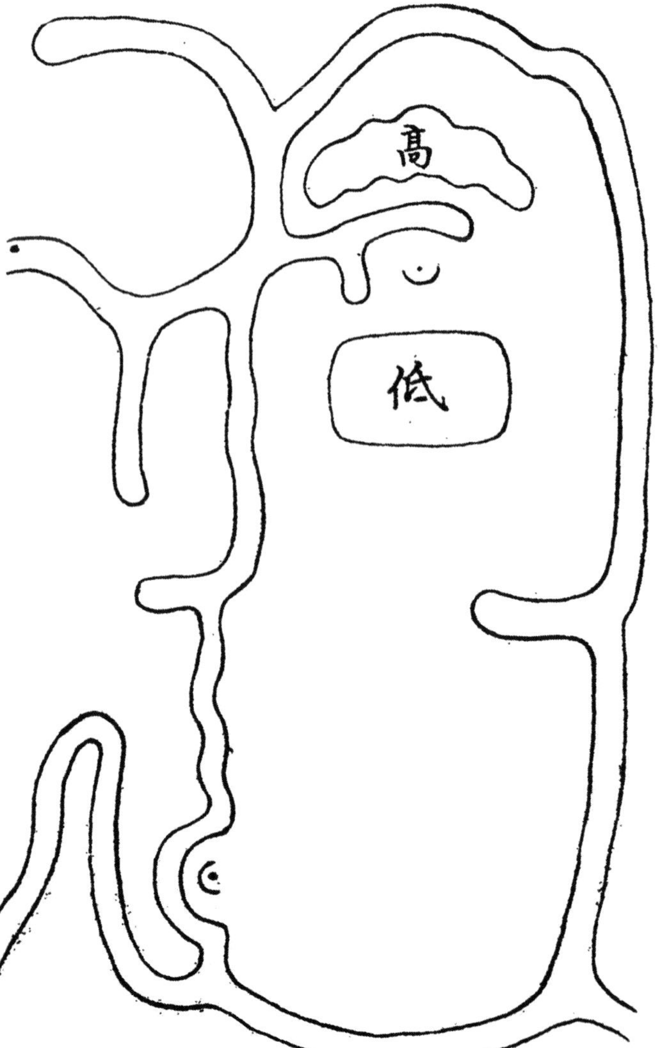

家秘本

餘姚下壩周氏祖地明初發者甚多萬厤末年時師於穴後堆三高墩而止幕講師扦

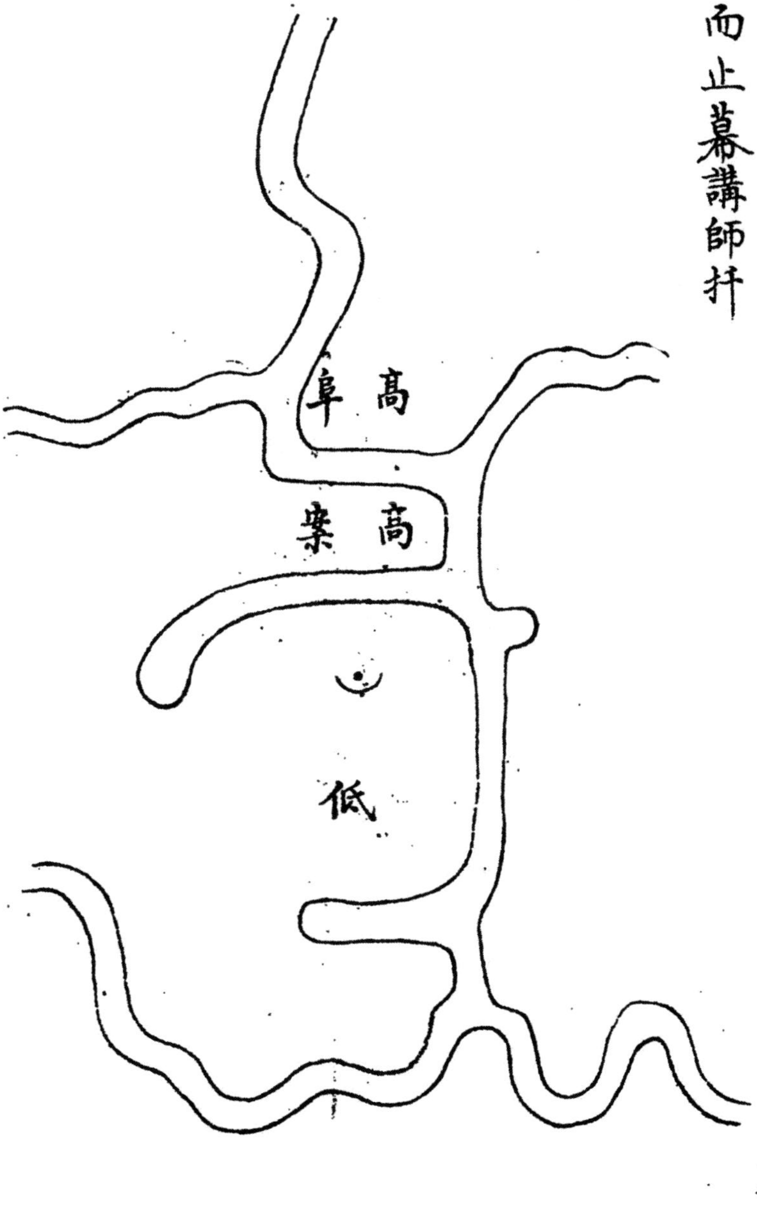

此地出二尚書科甲最盛幕講師扦

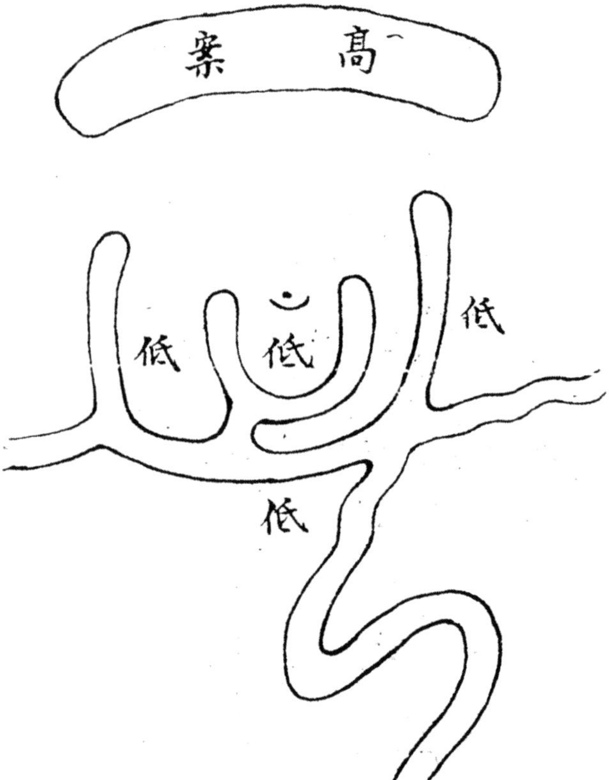

家秘本

此地幕講師扦富貴而壽三百年不替

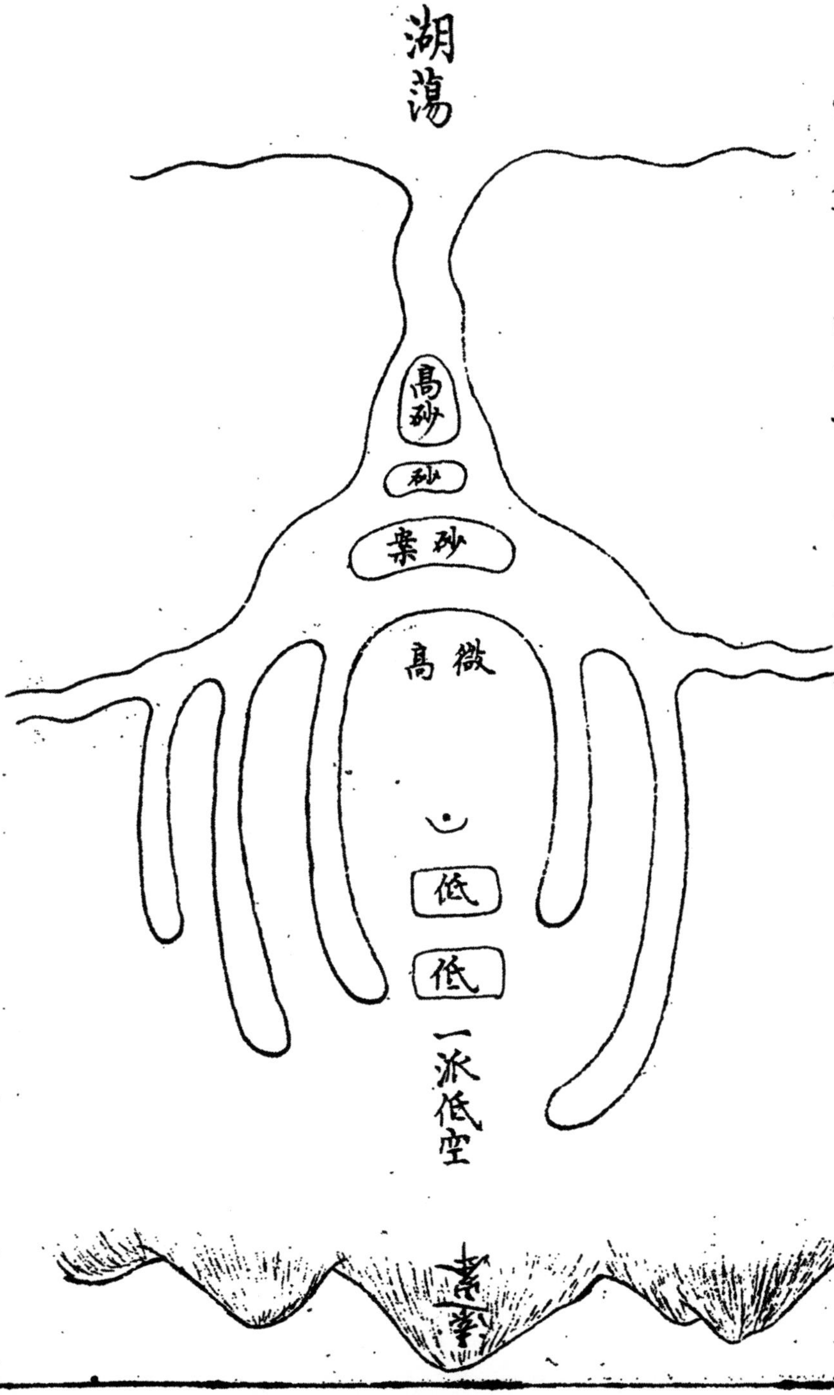

雲間董氏祖地十七代科第賴布衣下

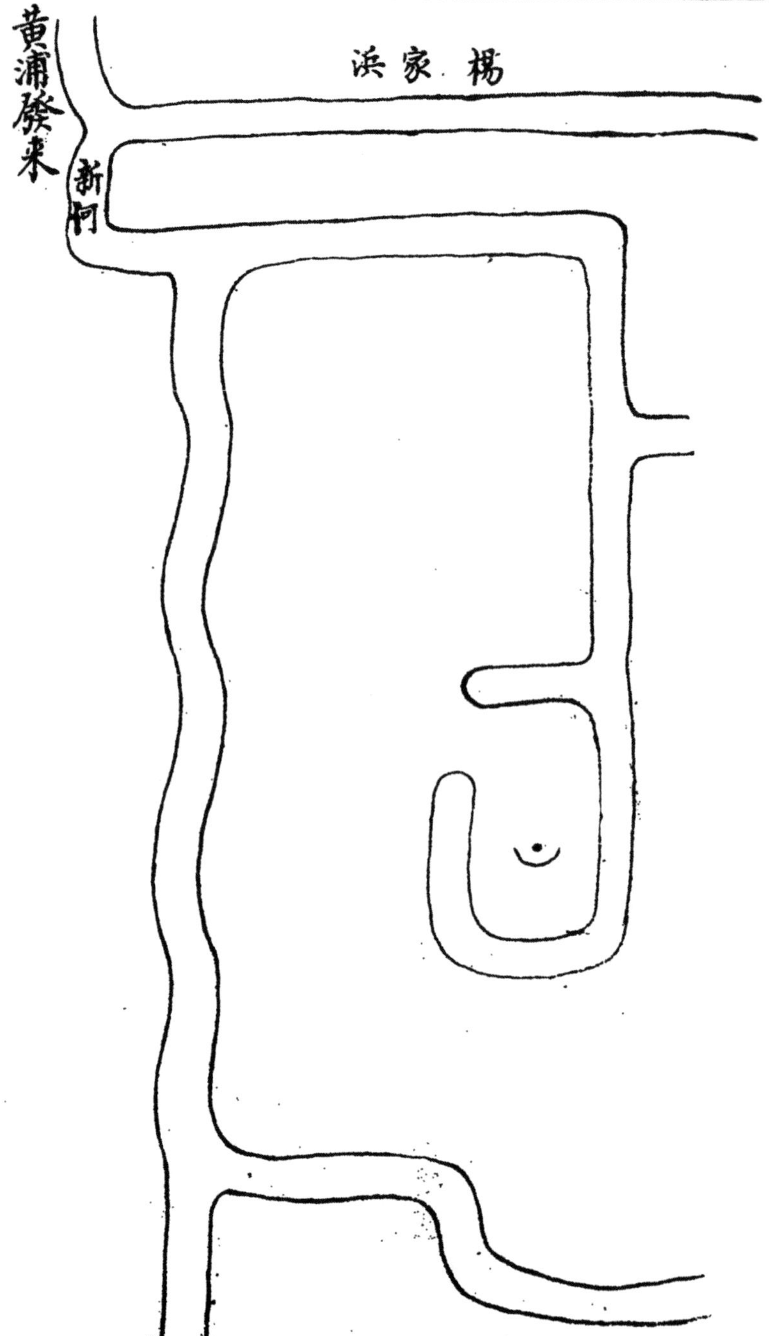

家秘本

雲間張狀元祖地賴布衣扦趨吉避凶奇巧極矣古今之不可及如此

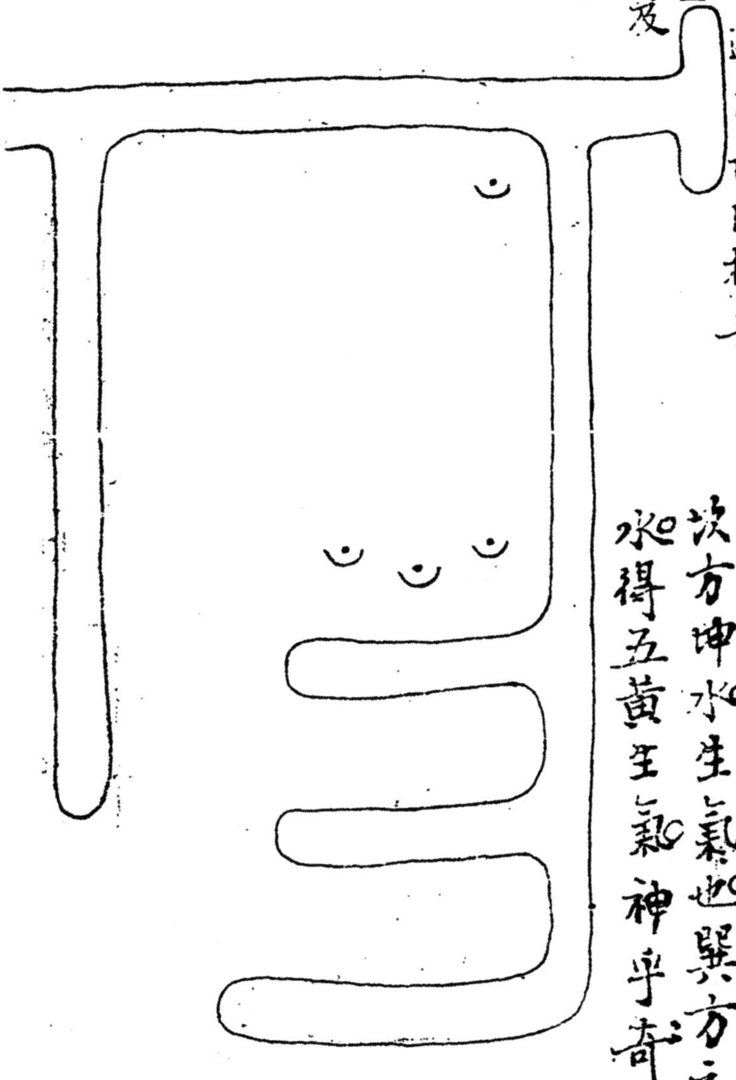

乾局。得乾方兌水助旺。兌方艮水。坎方坤水。生氣也。巽方元辰水。得五黃生氣。神乎奇技矣。

家秘本

嘉興陶氏祖地發科甲二十餘人劉文成扦地在王江涇鶴嘴汀中五黃與局離方(青池)生氣極大艮坤二方助旺震巽煞氣獨遠妙極

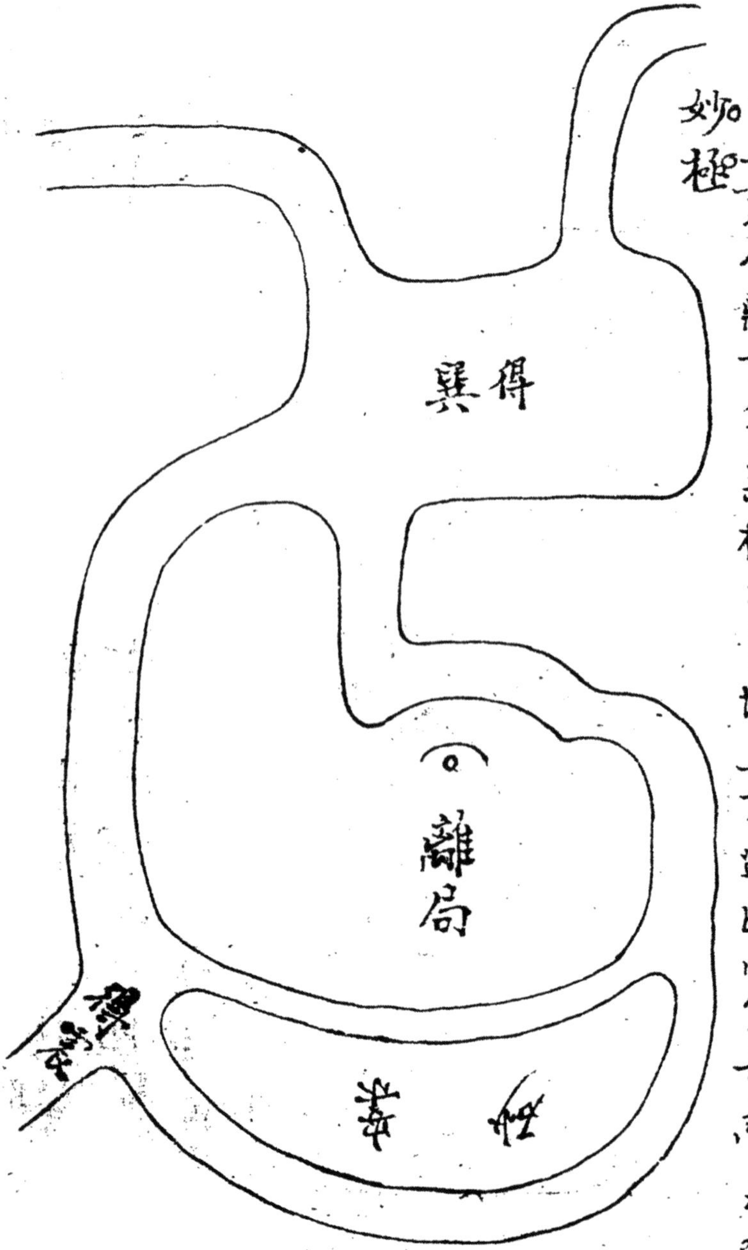

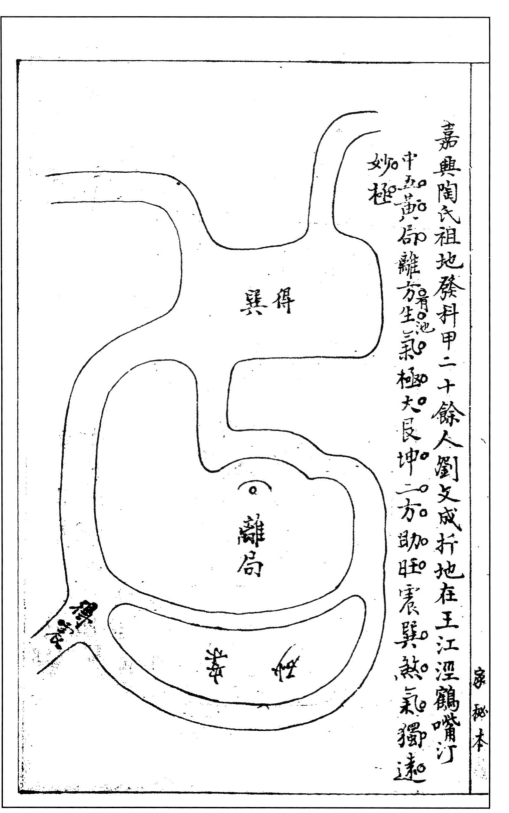

嘉興陶御史祖地 地在王江涇此圖與前圖迥異而同載王江涇又同為陶氏之墓豈一方有此兩地而為一家所得耶抑係一地而繪圖者兩失其真耶予甚疑焉此去王江涇不遠必須親往看之

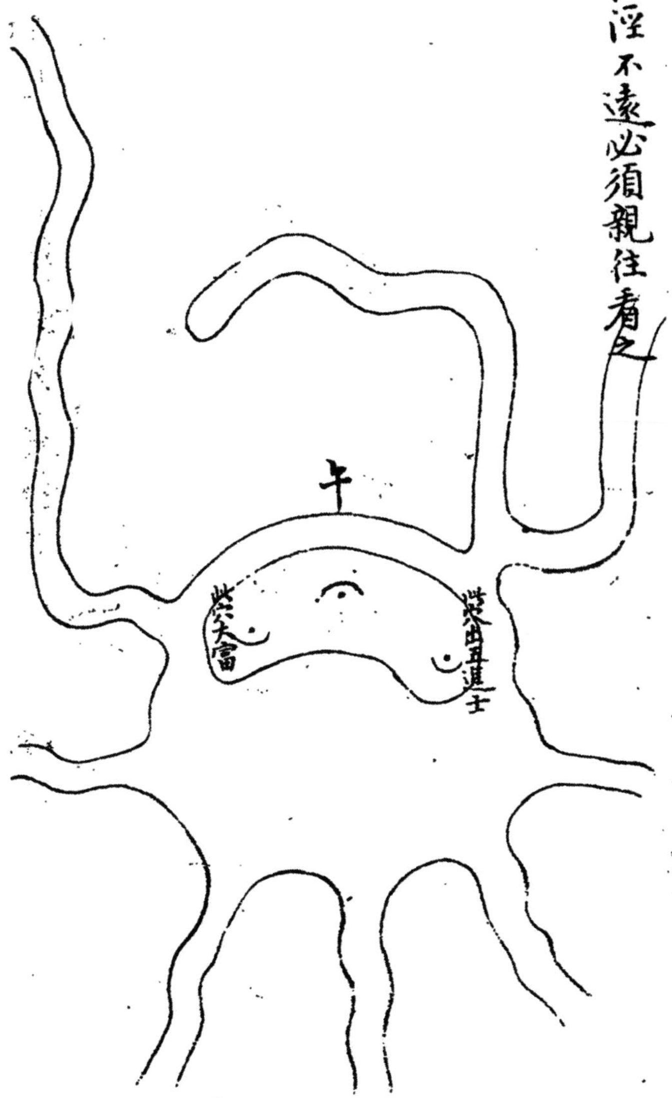

此八神齊到穴之大地也若其地果如所圖當顯赫於無窮豈僅出五進士而已耶

蔡照堂傳

福建林氏祖墓三百餘年科甲鼎盛世傳無林不開榜是也劉文成拚

坎局坤坎二處得乾兌親切不浮佳壤也坎表乾水二支坎氣息矣

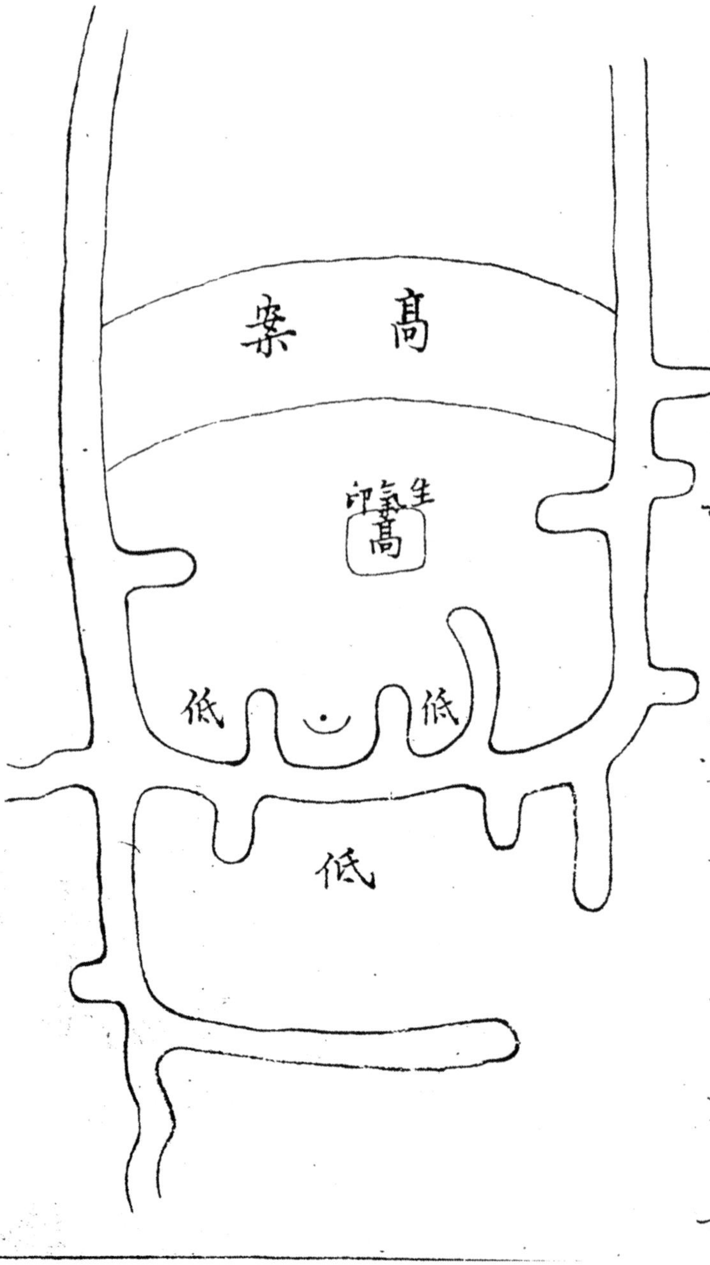

婁東王文肅公祖墓

蔡照堂傳

太倉王太師祖塋

錫爵甲午生嘉靖戊午上元科壬戌
會元歷官太保吏部尚書
建極殿大學士
鼎爵丙申生上元戊辰進士河南
提學副使
衡萬厤中元戊子解元辛丑第二
名翰林院編修
時敏太常寺正卿生十一子貴
顯者多

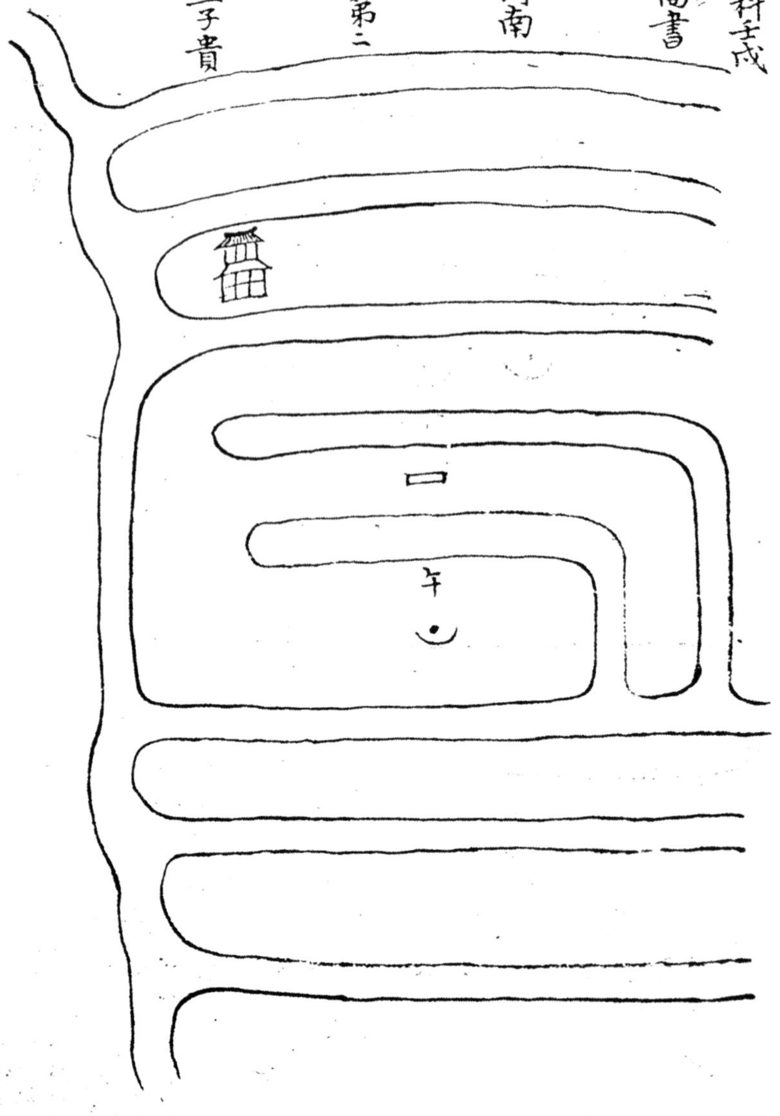

家秘本

太倉王鳳洲祖塋　地在楊林河陽包念六涇之左

藜照堂傳

定海西門外陳氏祖地

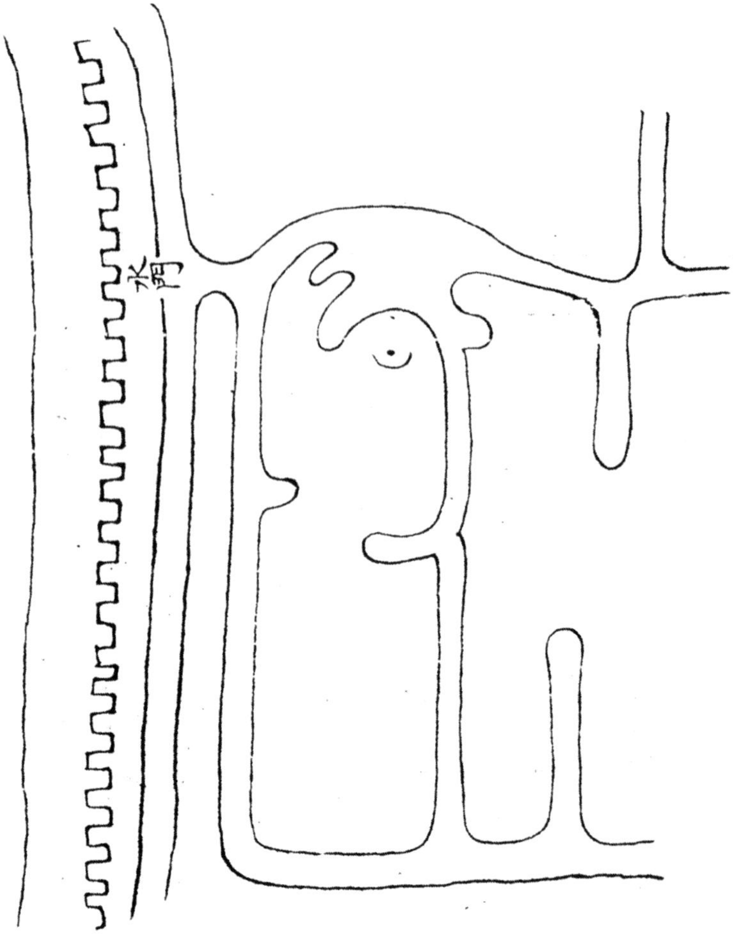

家秘本

崑山顧氏祖塋

曽祖大本号樂耕 祖良 父恂号桂軒俱贈榮祿大夫太子太保禮部尚書武英殿大學士

始祖坟四面皆水惟中元大旺坐後與西北二穴又為上元之局兩元昌盛非同泛常具金箱玉印之形祥雲捧月之狀此世人不知水龍之秘而傳會焉也

孫景堂評

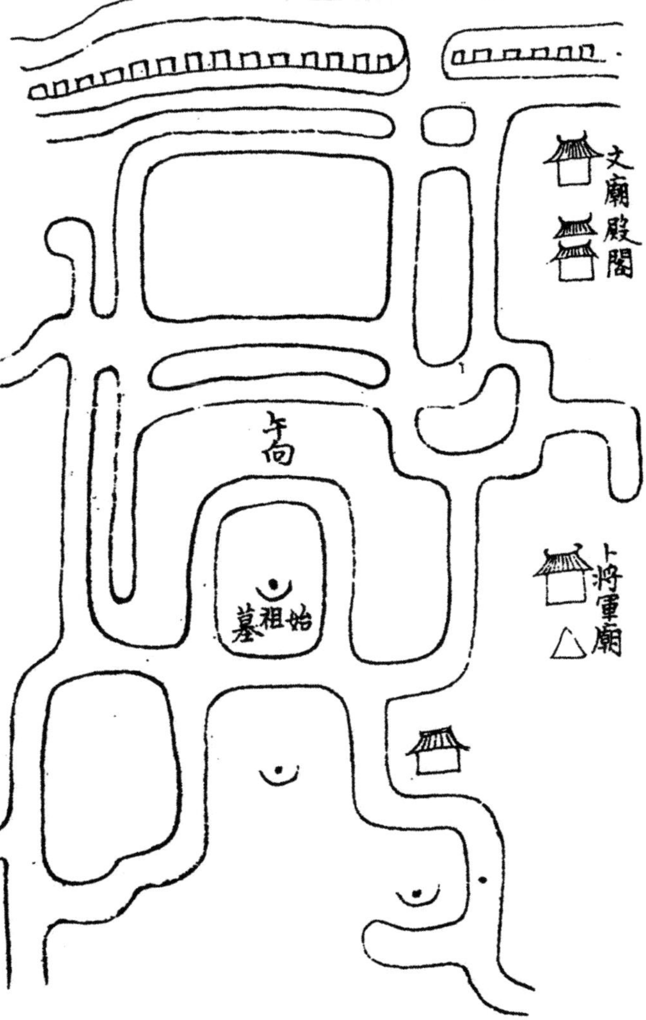

崑山顧文康公祖塋

鼎臣号未齋成化癸巳（下元）生弘治辛酉（下元）举人乙丑（上元）狀元歴官禮部尚書庚子年子孫登
進士者十人

中五黄卯離艮坐卯

孫景堂云龍神曲折
環抱豐隆前後照神
清異子午坐向端純
豈非至富至貴之地
乎冠群英而登鼎甲
良有以也

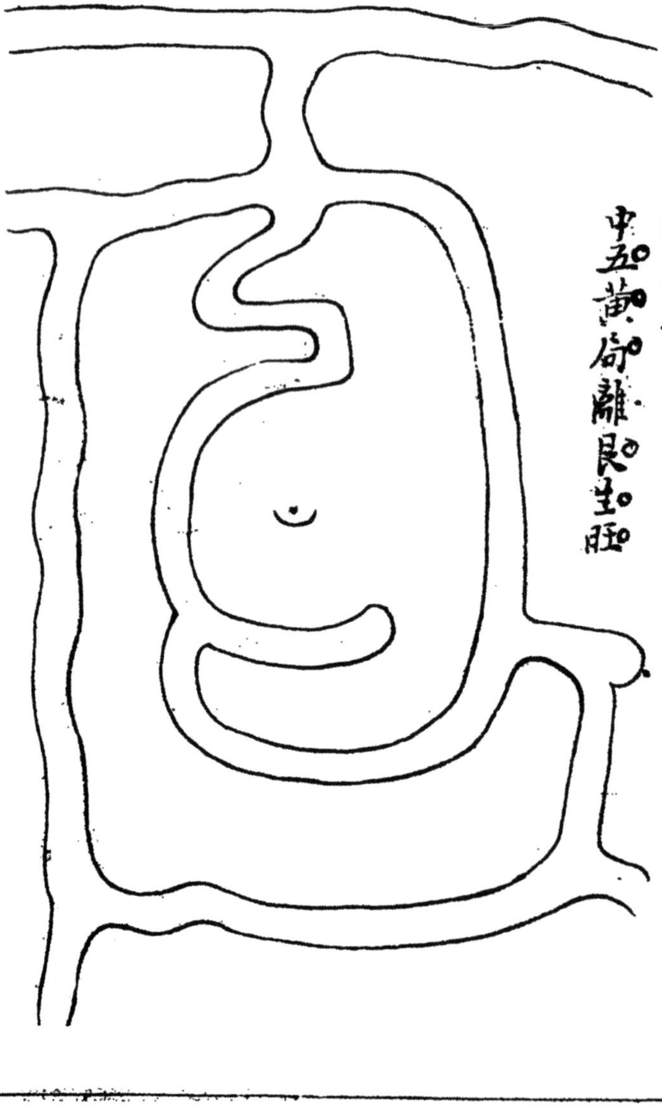

家秘本

蕩口華學士祖墓科甲五十餘人三百年顯赫不替

內乾局外中黃局
亦坎局妙在避煞清
生旺合五毫無
勉強之地

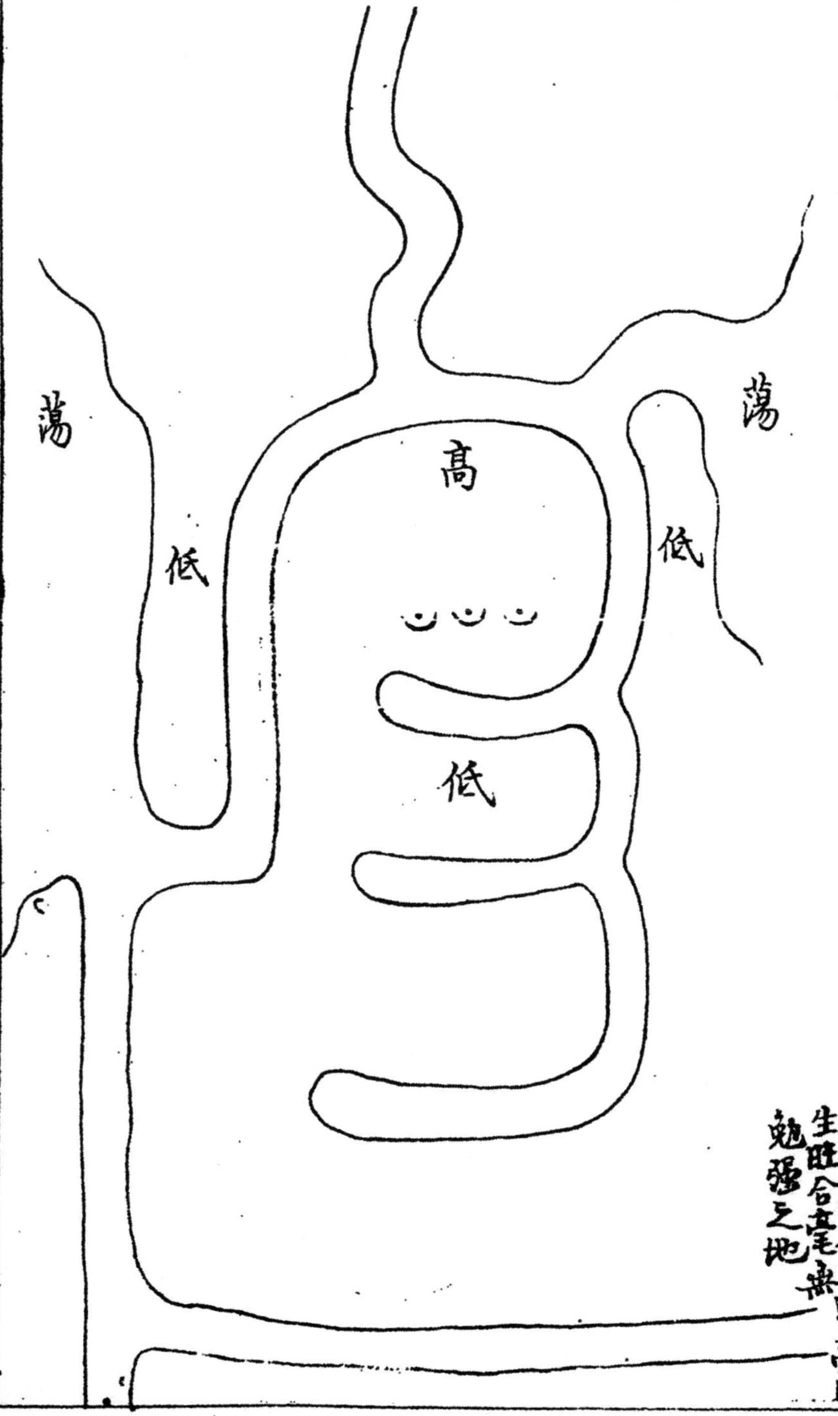

藜照堂傳

家秘本

無錫華學士祖塋　自成化至萬曆共發科甲三十餘人官爵大小不等歷三元不敗

前有坦穴之星後有託樂之水

中五局中之不易得者

孫景堂云東南俱有大河
小河重重包裹收束緊嚴
神氣最旺坐坎向離交媾
冲和其為大地無疑
此與前圖形局頗相類
所云東南俱有大河此圖
並未繪及而前圖震坤
俱繪大蕩想二圖實係
一地而繪者必有一失宗
耳

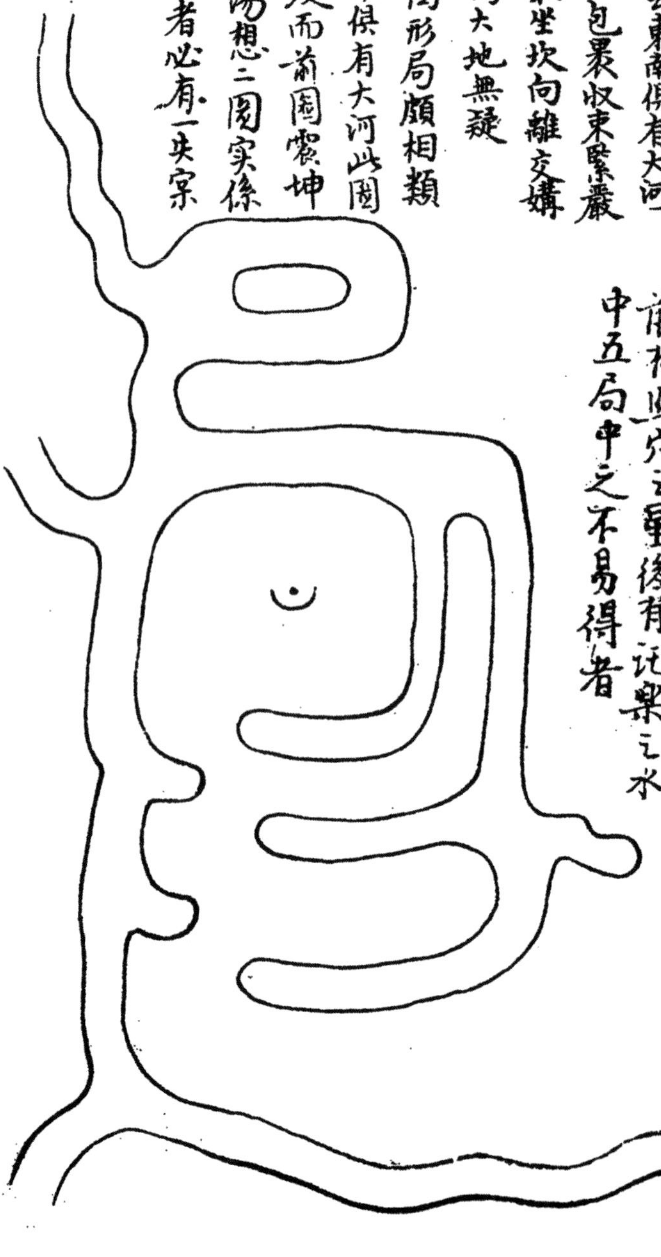

申太師祖塋　地在蘓州娄門外

時行乙未生嘉靖辛酉科上元
壬戌進士歷官禮部尚書
文淵閣大學士太子太傅吏
部尚書建極殿大學士太子
太師進中極殿大學士辛卯
馳驛回籍
子玄諸萬厤癸未進士歷官
都察院右僉都御史
敘溪萬厤壬午中浙江

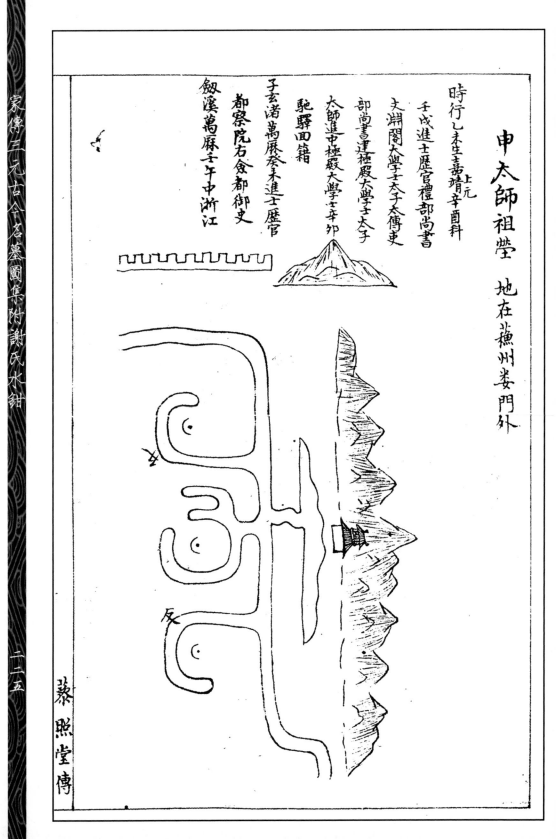

常熟嚴太保祖坟

諱嘉靖辛丑進士歷官太子太保吏部尚書武英殿大學士（上元山地之初）

子治卿貢　澂刑部郎中

後覺子曰此地歷世尚應綿遠顯赫今所應不符想本主山脉係九紫故耶必須親歷其地而察之

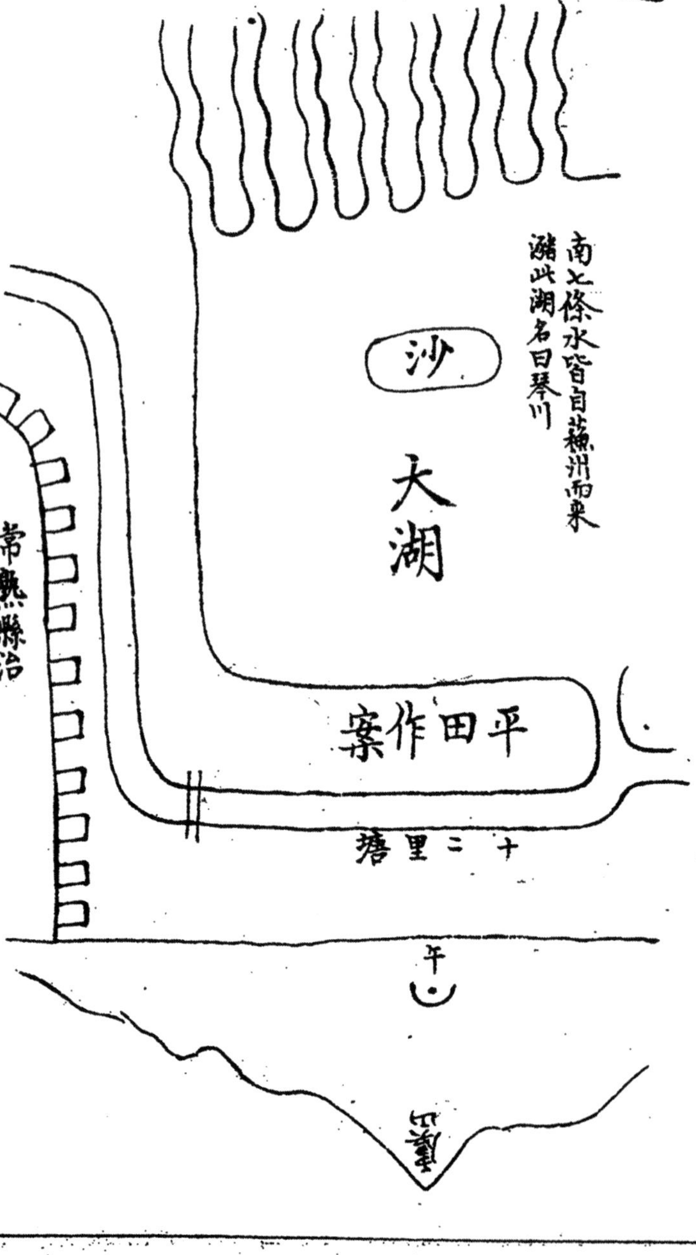

家秘本

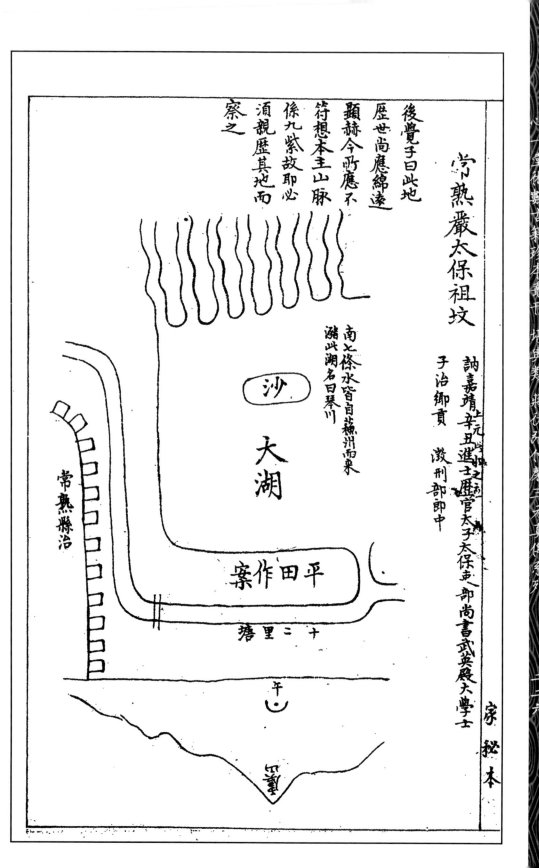

平湖施相公祖墓

崑山徐健菴祖塋發同胞三鼎甲

下元

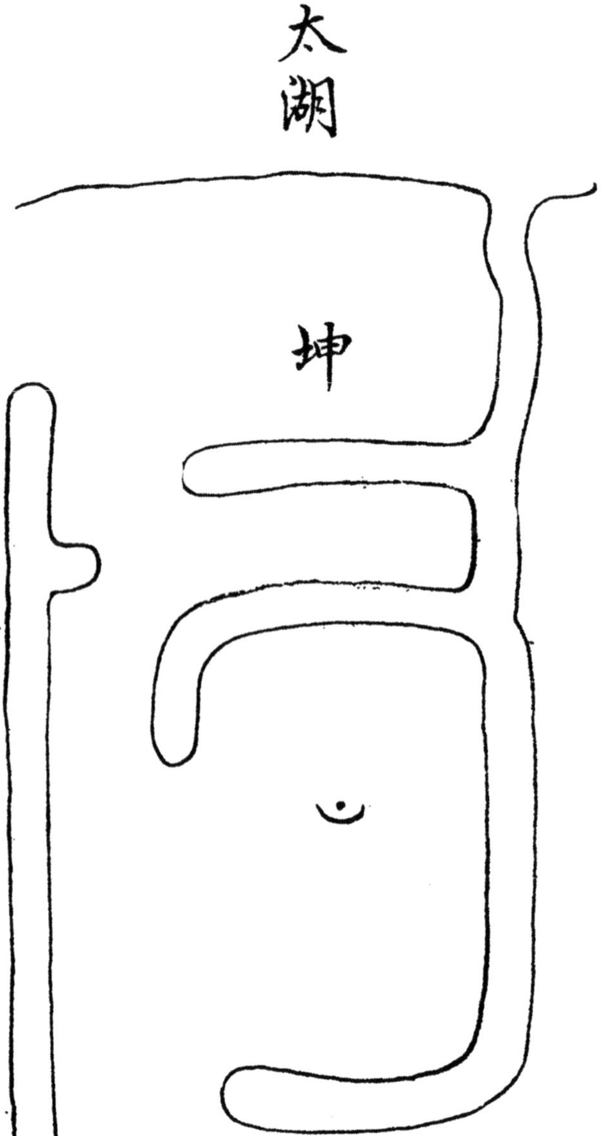

家秘本

海盐彭氏祖墓

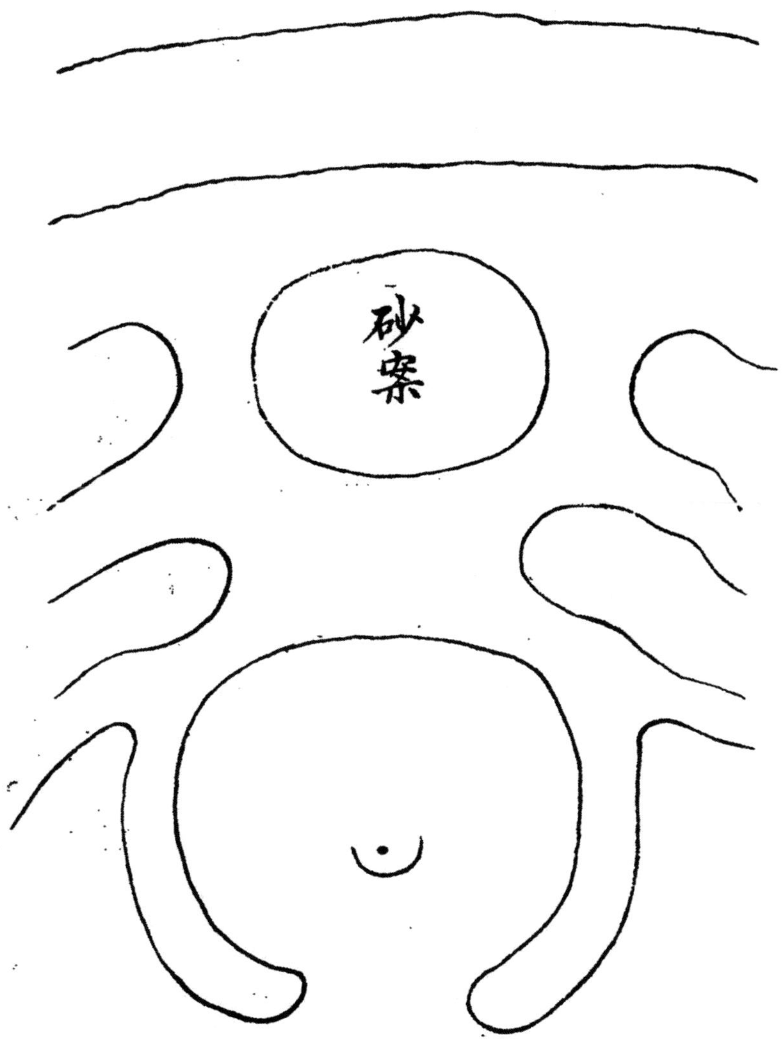

芳溪閔氏祖墓三百年科甲鼎盛官久而尊後覺子曰此必另有吉地接續故福澤如此綿遠耳若謂此地力量宜爾則謬矣

癡龍。出。秀。震局。也。震位。得。坎。水來。知。和富貴。綿。遠。宜。也。元運。當。令。可至。玨備

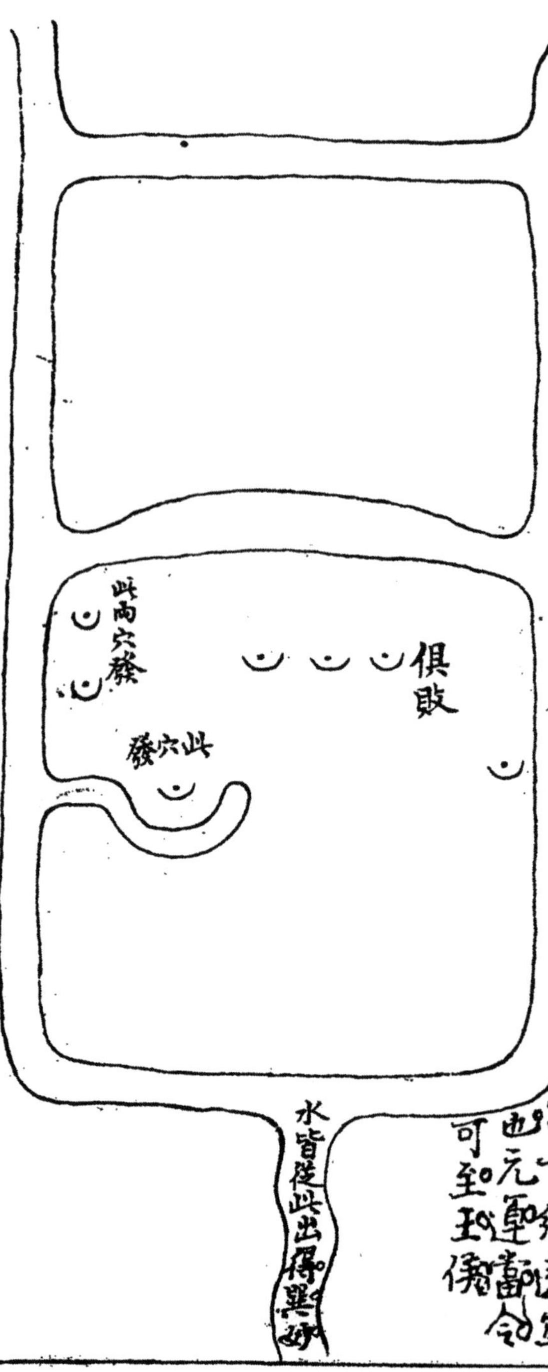

松江王氏祖墓 農山

坤局乾得震震得離木生火火生土也究竟木尅瑕瑜互見矣

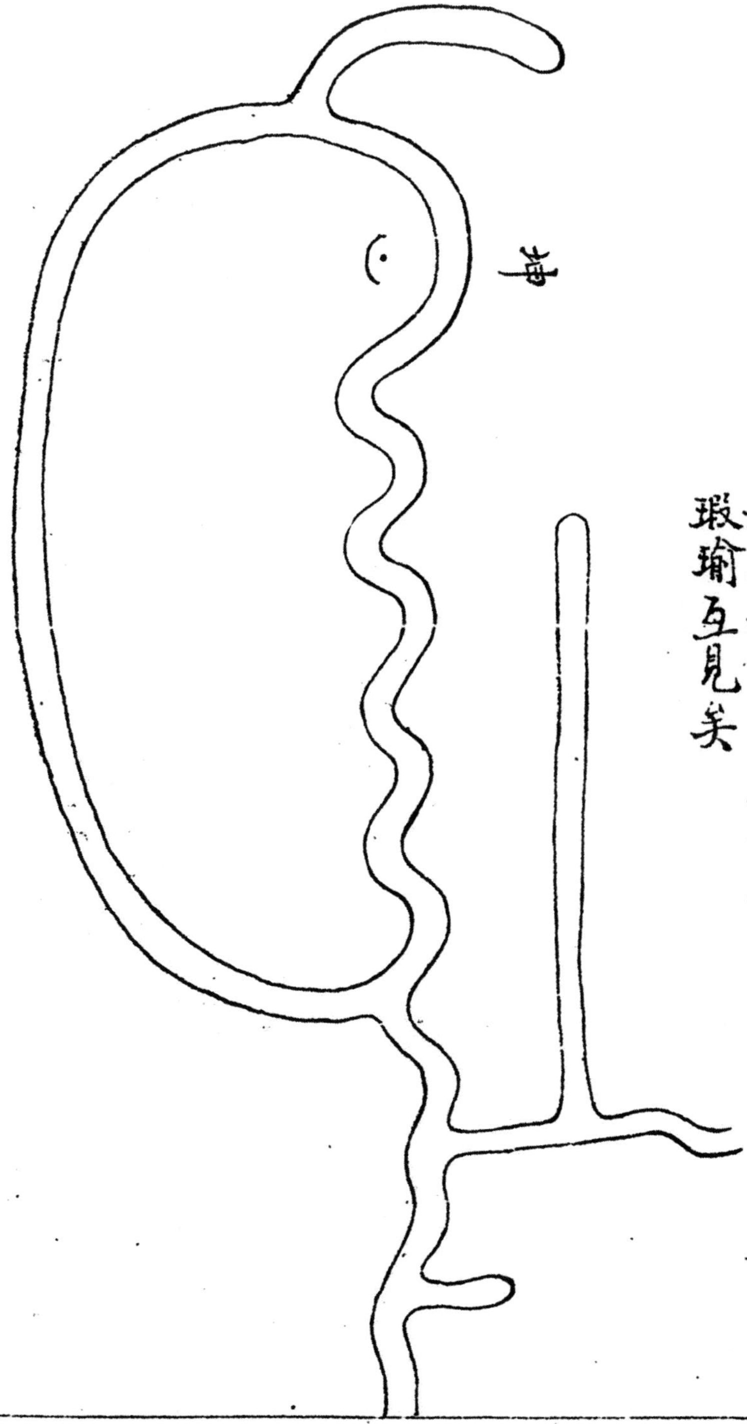

松江馮莫二家墓

震局得一坎水生氣可愛

馮發兩御史忠孝兩全

莫發兩布政

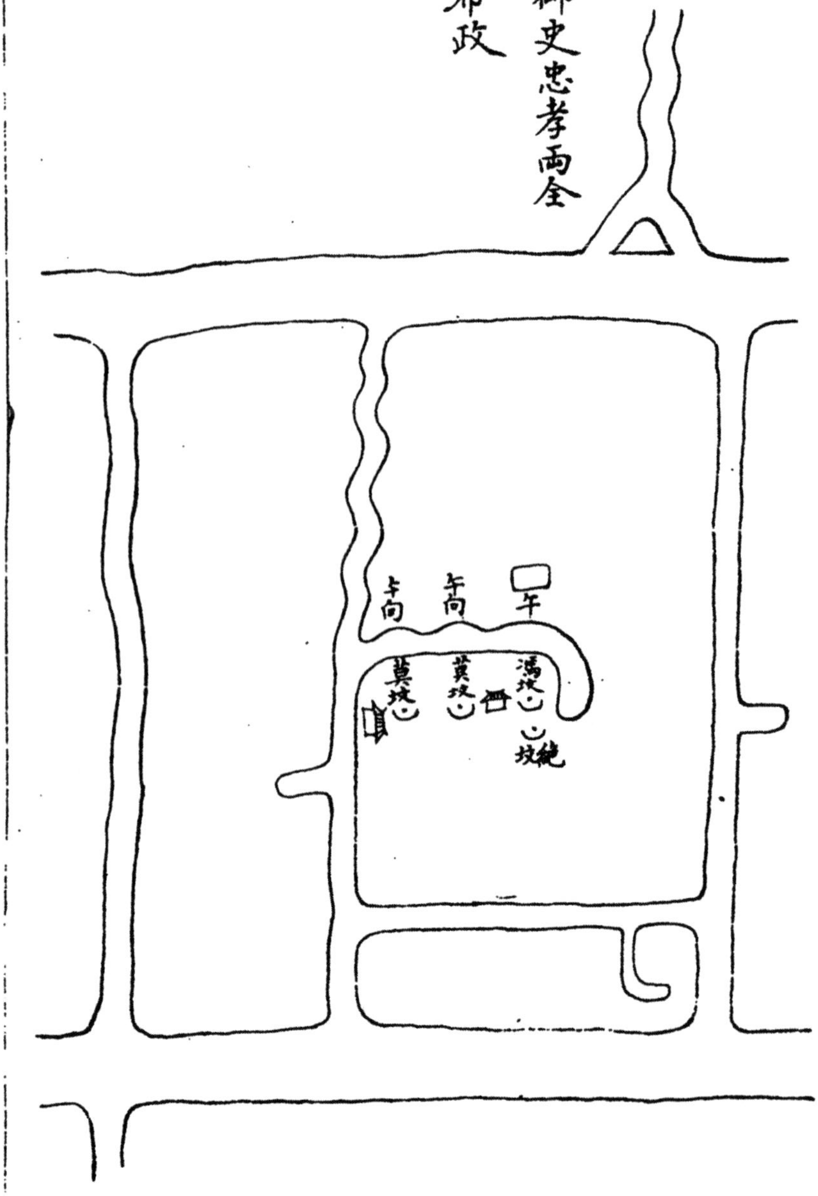

家秘本

烏程溫相公祖墓

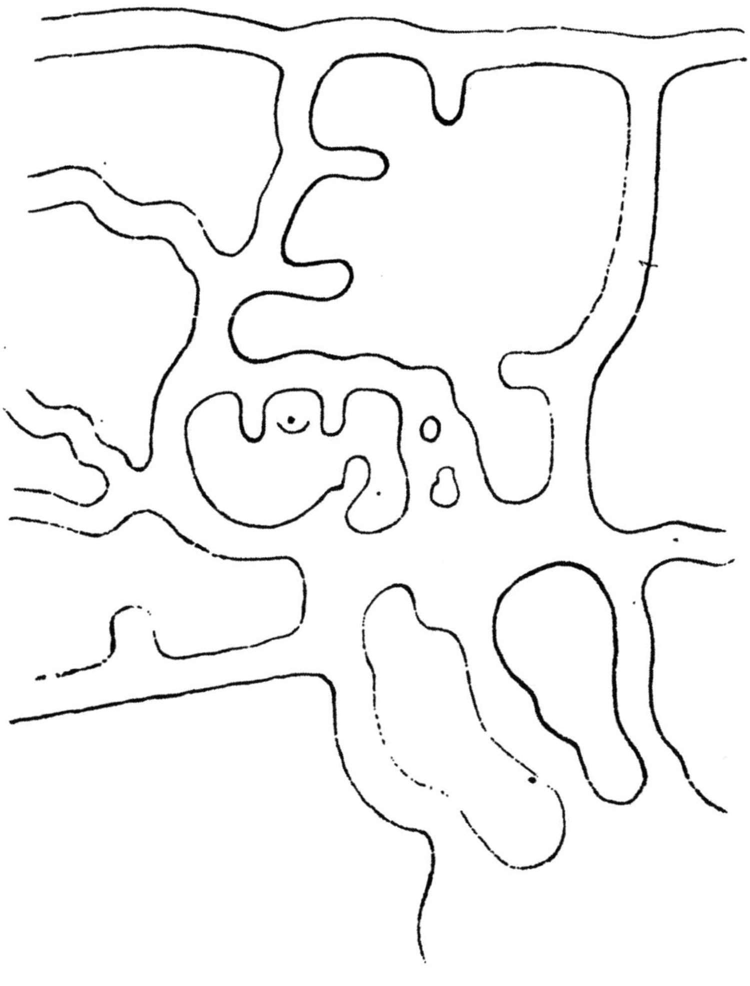

蔡照堂繪

僉太傅祖地

德清蔡相公祖地

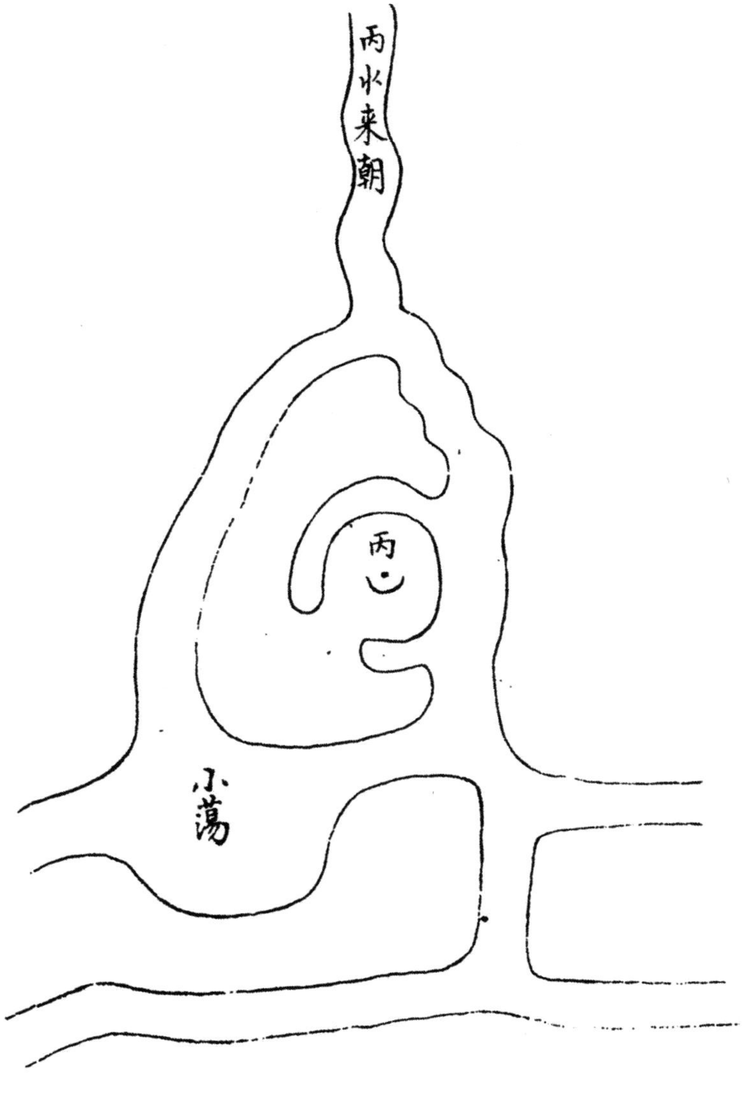

蔡照堂傳

崑山李都憲祖墓發科甲六人　清復發可汧官副使

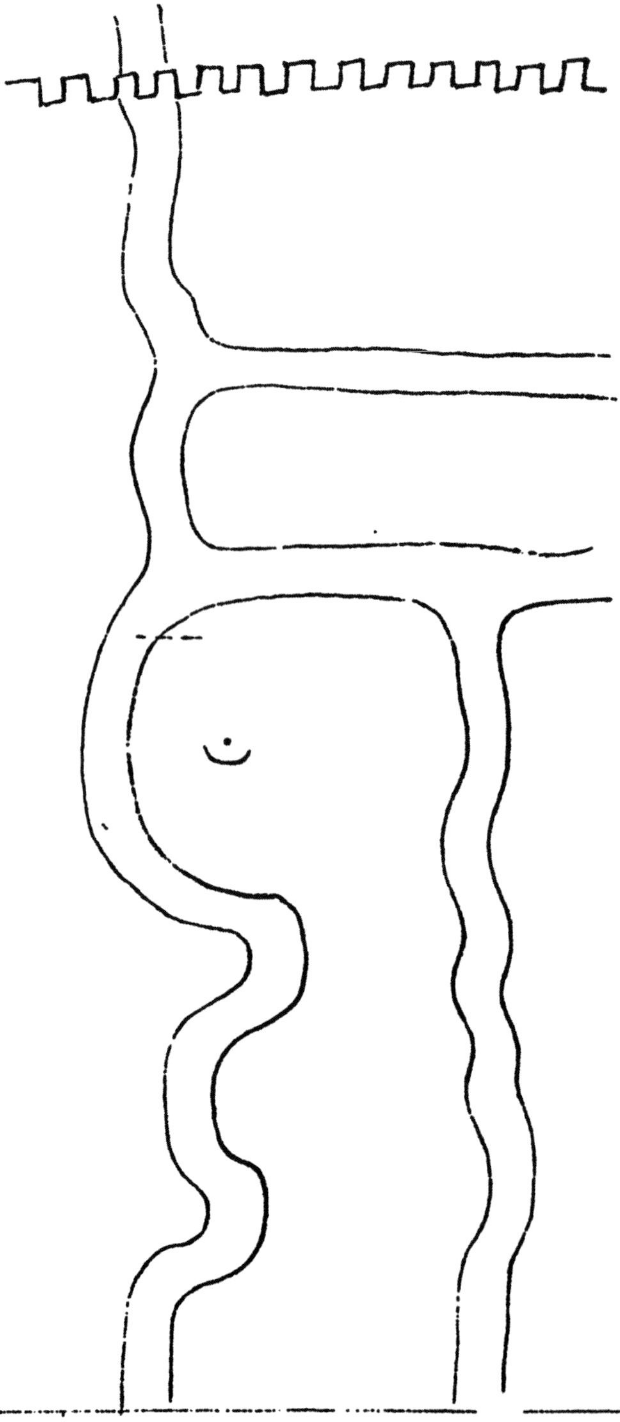

家秘本

武進林菴東楊狀元靜山祖坟世翰林

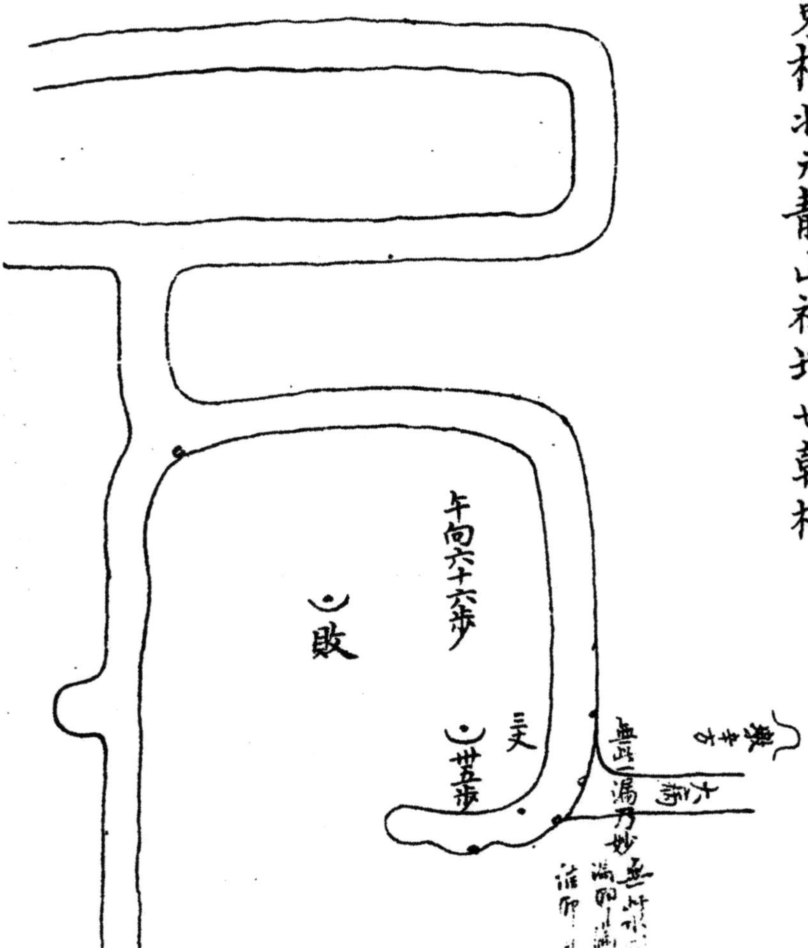

饒州掛金橋徐狀元陶璋祖墓初葬發都憲

兌局全合生旺

家秘本

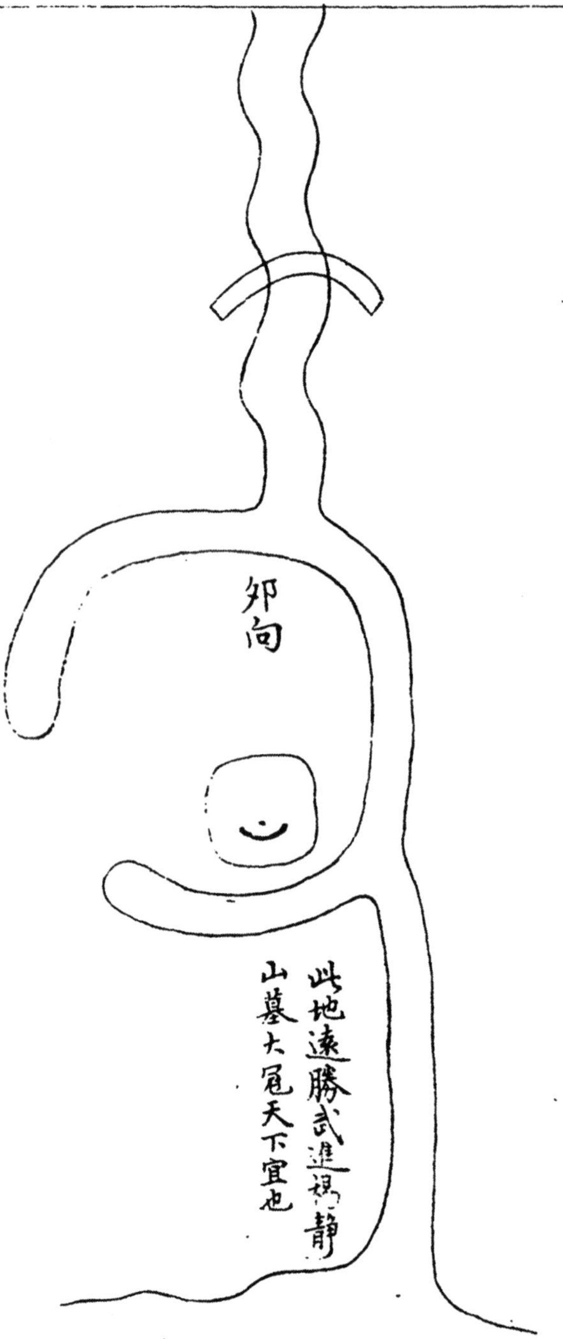

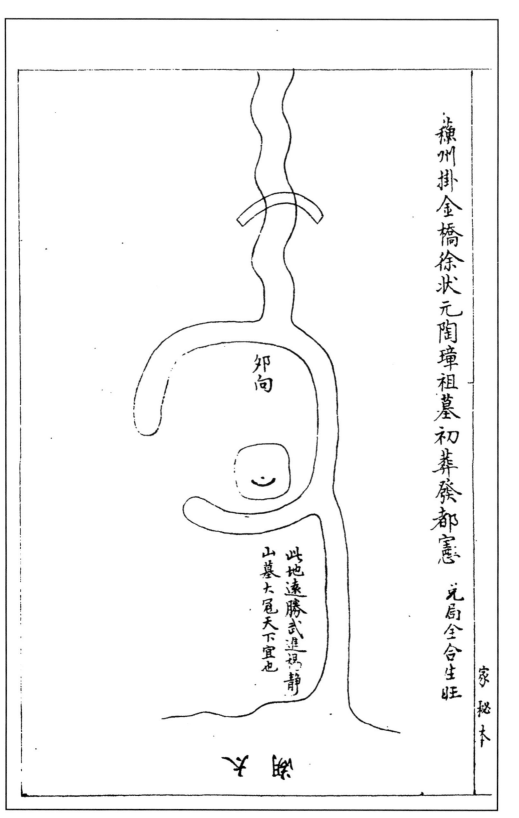

金壇于都憲祖塋

湛正德辛未進士歷官都察院右副都御史 上元

存素萬厯庚辰進士官太僕寺丞 中元

景素萬厯庚辰進士官儀制司郎中

廷燮庚午科

振方萬厯丙戌進士官陝西左參政 中元

玉立萬厯癸未進士官福建司郎中

此係三元之地而中元尤盛

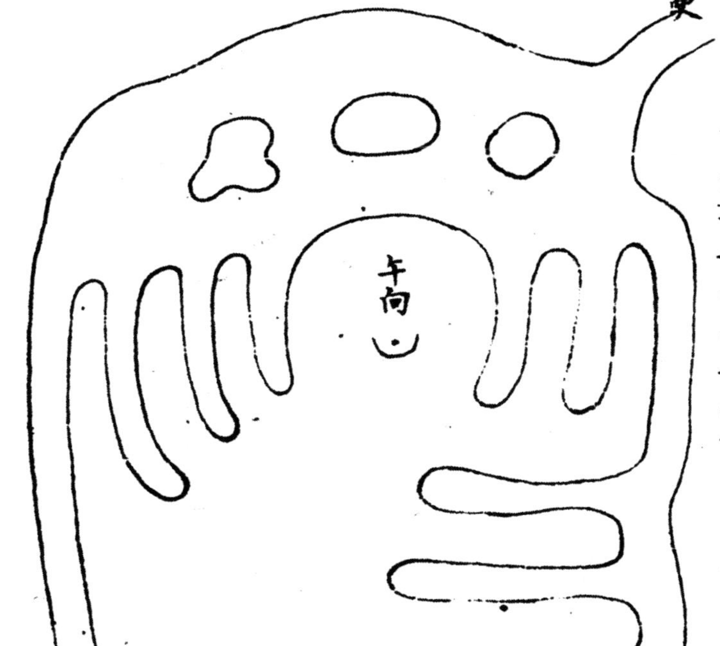

孫景堂云湖內三砂壽峯聳拔枝神翀衛羽儀簇簇亦名攘也此等地何可多得景堂似有不滿之意何也

蔡照堂傳

無錫安氏祖塋

如山嘉靖己丑（上元）進士官戶部員外郎
布范萬麻丙戌（中元）進士行人司禮吏
二部主事
又不由科甲而居官者四人
孫景堂云三面巨湖秀砂疊疊坐下交媾之處平鋪如掌雖四圍水抱穴不嫌中宮之局而三元俱可發也
此係巨浸聚砂局究屬中元之地

無錫王氏祖坟

台嘉靖癸未進士歷官都御史（上元）

問嘉靖戊戌進士歷官按察司僉事（上元）

鑑嘉靖乙丑歷官太僕寺卿（中元）

孫景堂云辛水汪洋形局端平而左右侍衛包束重重名曰雙龍轉翅之格至水神秀朋星體清純尤為卓異顯發何疑

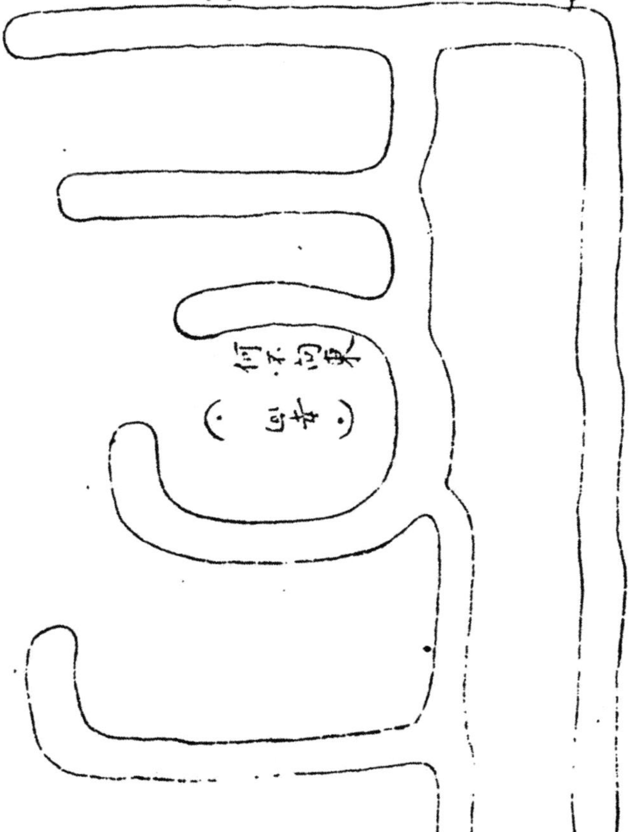

家秘本

無錫張侍御祖坟

守平南兵部郎中

愷成化下元甲辰進士

汝欽正德上元甲戌進士

選嘉靖上元己丑進士子仁

仁嘉靖上元己未進士歷官浙江兵備貴州參政

孫景堂云龍從右來宜向西立穴（尔只曉攀就一法耶）曰東西狹窄南北寬敞故惟丙向為正穴至兌神疊疊三方收束精（詞意甚錯）蓄故小房獨發而科甲矣世勿替也此地若靠南水立穴坐丙向壬來源兌照清純則顯發當屬長房中幼亦妙較之南向豈不更為悠久

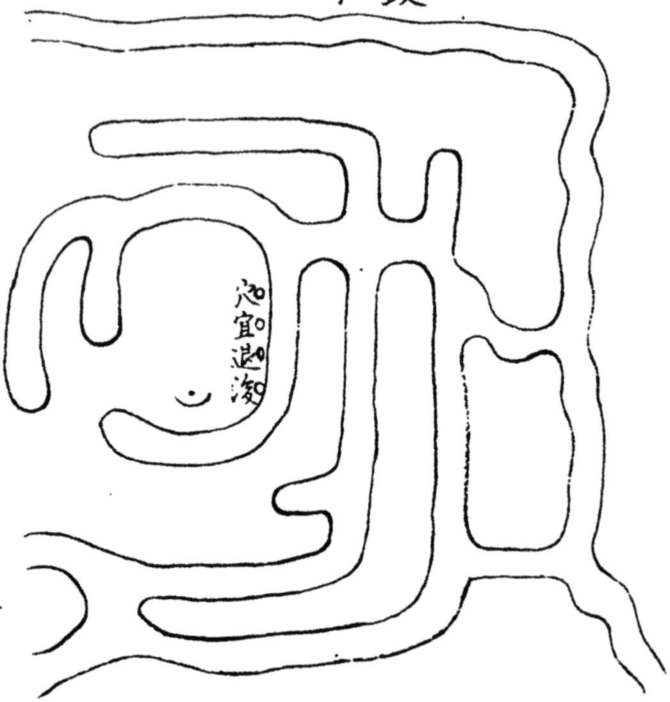

穴若退後兌方衰矣不得訣人可惜

嘉禾陸尚書祖坟

孫景堂云石笋後埼此是山龍盡結之地即無旺水界繞亦屬佳壤况午水悠長艮水深秀山水會合陽氣冲和宜其顯赫之無窮也至子午坐向而坤艮俱有旺水朝拱豈非三元不敗之地乎

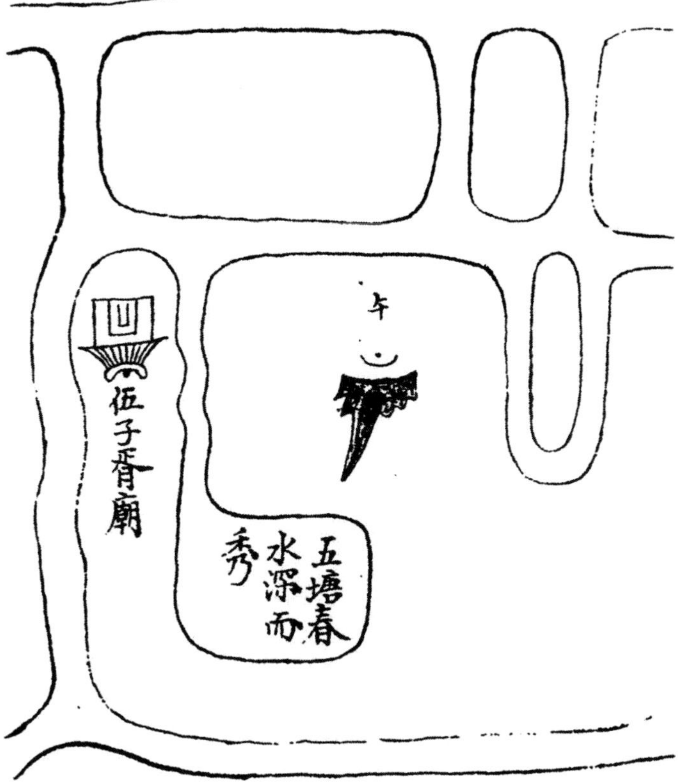

陸胥涇祖塋 地在楊店地方

孫景堂云大河環繞龍力豐厚支流包束結構精嚴其卦炁之清純形局之端正乃天然之美局與人功培植者不同不知平洋之訣者觀此圖而可悟矣是穴三元之局惜坐後水氣不能撓首似有天柱折之病

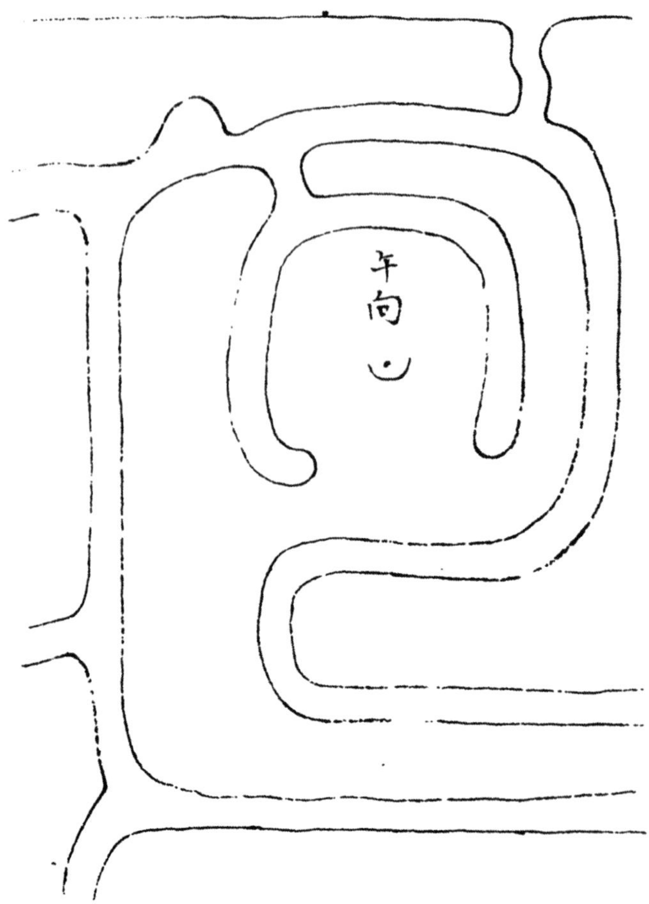

家秘本

平湖陸五臺曾祖墓

孫景堂云龍虎端嚴明堂中正而後坐於空豈非全美之地宜其子孫之蕃衍而朱紫之不絕也

張知縣贈右副都御史
吏部右侍郎
淞弘治庚戌官光祿寺下元
丞贈吏部右侍郎
淳贈官
杰号石涇正德甲戌歷官上元
右副都御史巡撫廣西
楷太學生贈工部主事父贊韓
棐舉人官刑部司務
集舉人官吏部司務
槩贈禮部員外
樟 標 棨 煒 炳 燧見
夢韓号丹崖嘉靖丙辰上元
工部主事陞廣東僉
事
杲号元晋嘉靖辛丑上元戶部主事贈刑部尚書

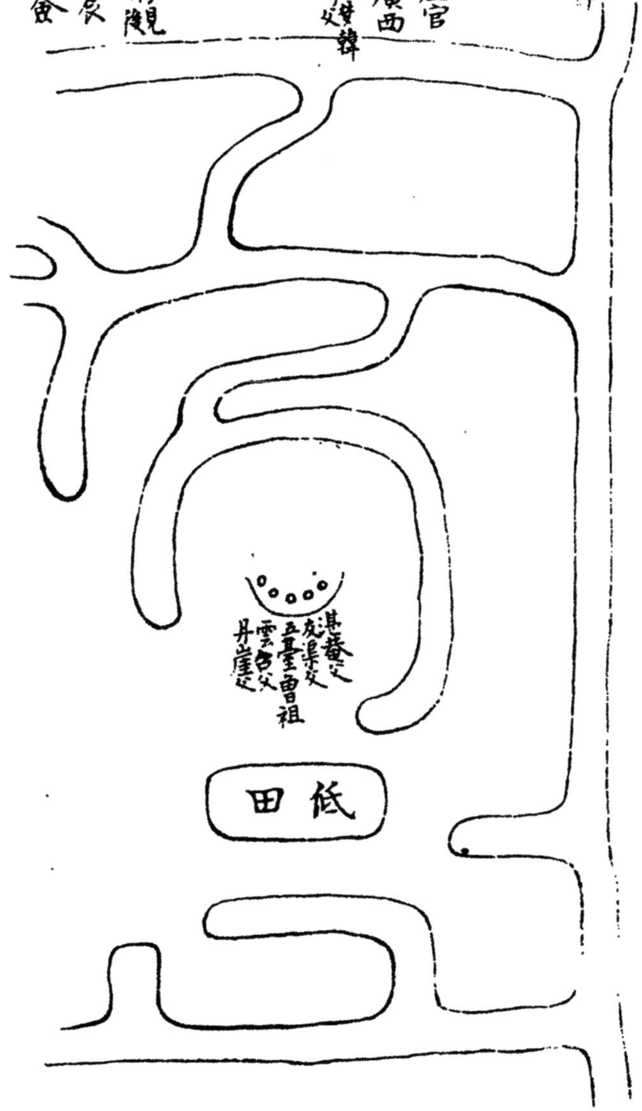

藜照堂傳

陸丒壂祖墓

此雖中黄之局亦屬三元之地

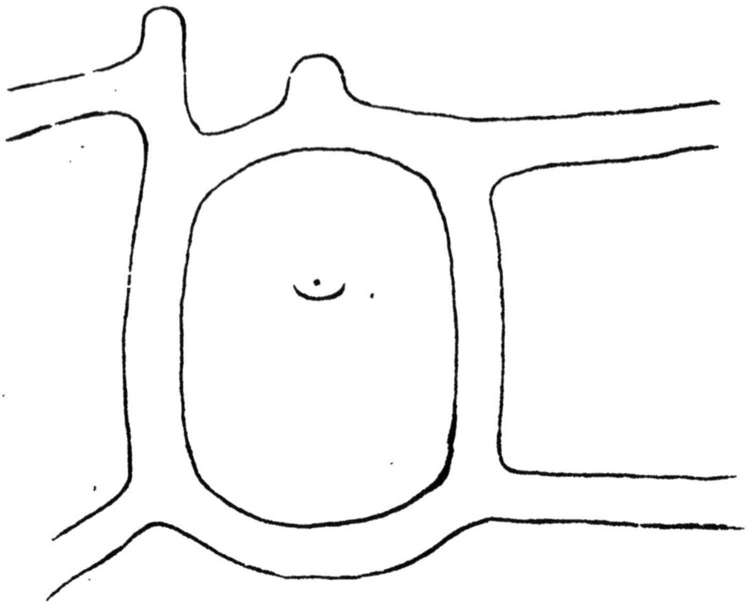

家秘本

陸丹崖墓

此地葬後發一尚書
一提舉 一舉人
二員外 一通判
一進士

孫景堂云此等龍格與天市垣星宿相似既坐向之得宜復龍神之疊峙所以清貴聲名顯赫於奕世也
若得水氣蔭腦豈不更妙

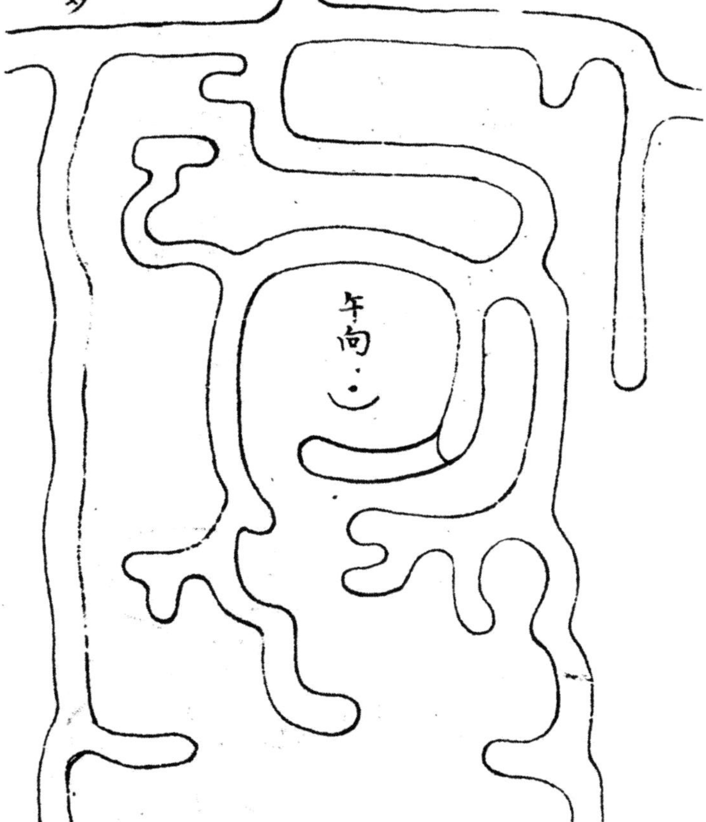

蔡照堂傳

陸東湖祖塋　是亦三元之地

軾贈驃騎將軍後軍都督府都督僉事
墀贈都督僉事
松官錦衣衛事都督僉事贈崇祿大夫都督府同知
煒号文蔚加靖進士官中書舍人至太僕寺少卿
炳号東湖錦衣衛都指揮使太保左都督

孫景堂云左右大湖從中間抽出嫩枝清秀異常而前後環抱堂局端平真為大地無疑

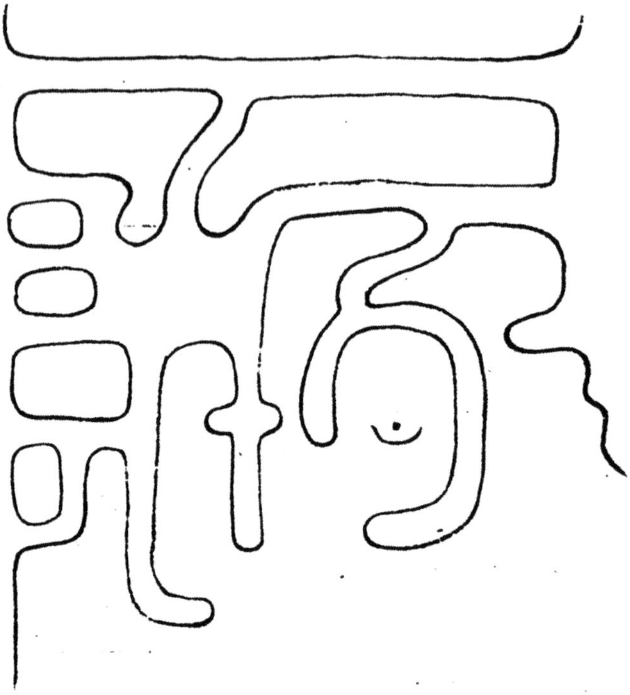

家秘本

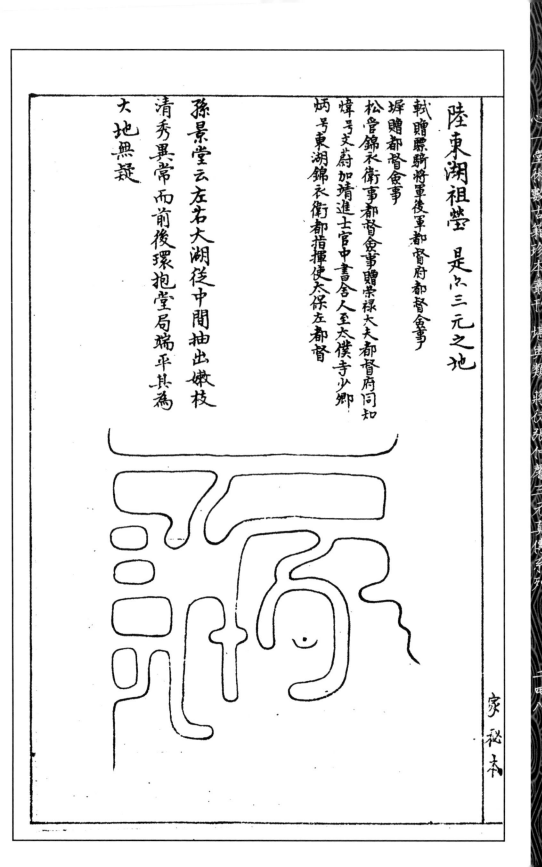

項襄毅祖坟及壽域　此地而力至三元不替非痴龍帶秀之故耶

非也

旻亮贈資德大夫都察院左都御史
銜贈同
忠正統中元壬戌歷官兵部尚書謚
襄毅
綱舉人官知縣
經成化下元丁未布政司右參政
綬錦衣衛正千戶
銓序班贈郎中
鏞都指揮使
錫嘉靖上元癸未光祿寺卿
銅嘉靖上元壬戌刑部主事
治元嘉靖上元丙辰禮部員外
萬壽嘉靖中元丙辰禮部員外
德禎萬厤中元丙戌兵備僉議
承芳萬厤中元癸未漕運理刑
昂鉉萬厤中元辛丑進士

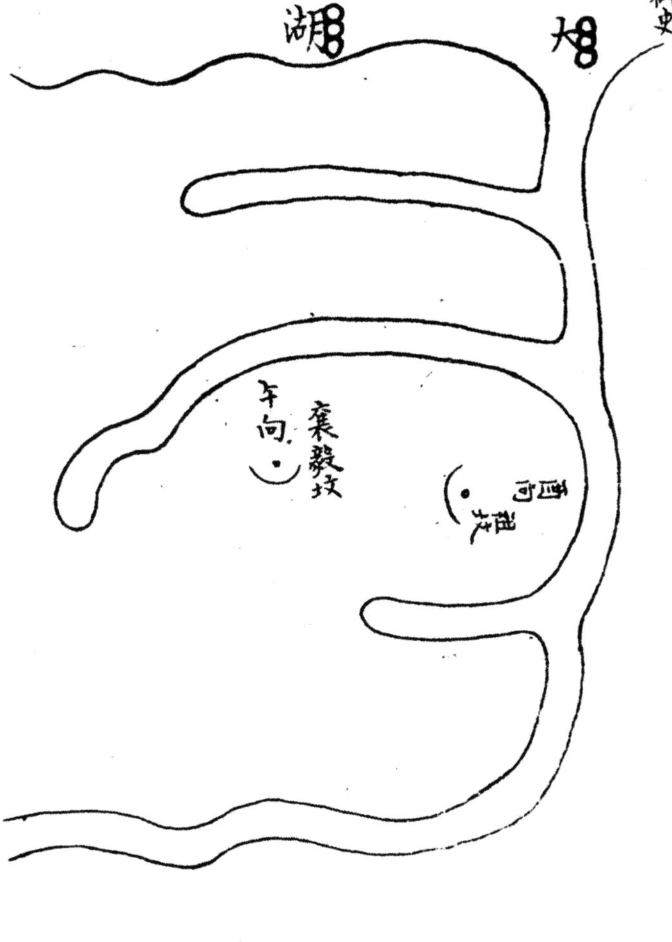

蔡照堂傳

嘉興屠尚書祖坆

曾祖澤民　祖湘　父機俱贈刑部尚書

楨贈推官

勳成化乙丑下元歷官刑部尚書

熙舉人

奎弘治己未下元官布政司參議

垚弘治壬戌下元

應塤正德辛未上元

應坤嘉靖癸未上元

應浚嘉靖丙戌上元官侍讀

孟玄贈兵部員外

仲律嘉靖庚戌上元官監察御史

叔方萬厤丁丑中元廣東侍御代巡甘肅復巡應天陞山東副使

謙隆慶戊辰中元山東提學副使

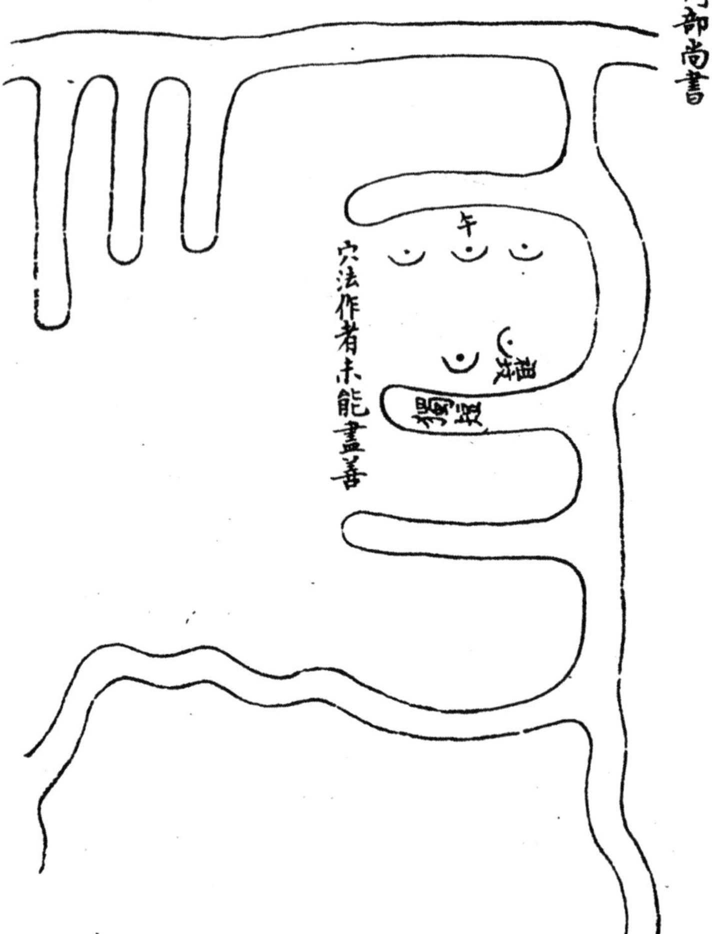

家秘本

江陰薛方山祖塋

應旂号方山嘉靖乙未（上元）會魁歷官吏部郎中提督浙江學政

數敎萬厤己丑（中元）

又損萬厤乙未（中元）

數正萬厤丁未（中元）

孫景堂云橫龍屈曲而來中立午向必毓端方正直之人故方山先生以理學起家而後嗣復能丕振家聲至低田之外又有高案而後又受低空旺氣宜其科第之奕世勿替也但左右屋宇高壓長幼兩房不能崢嶸耳

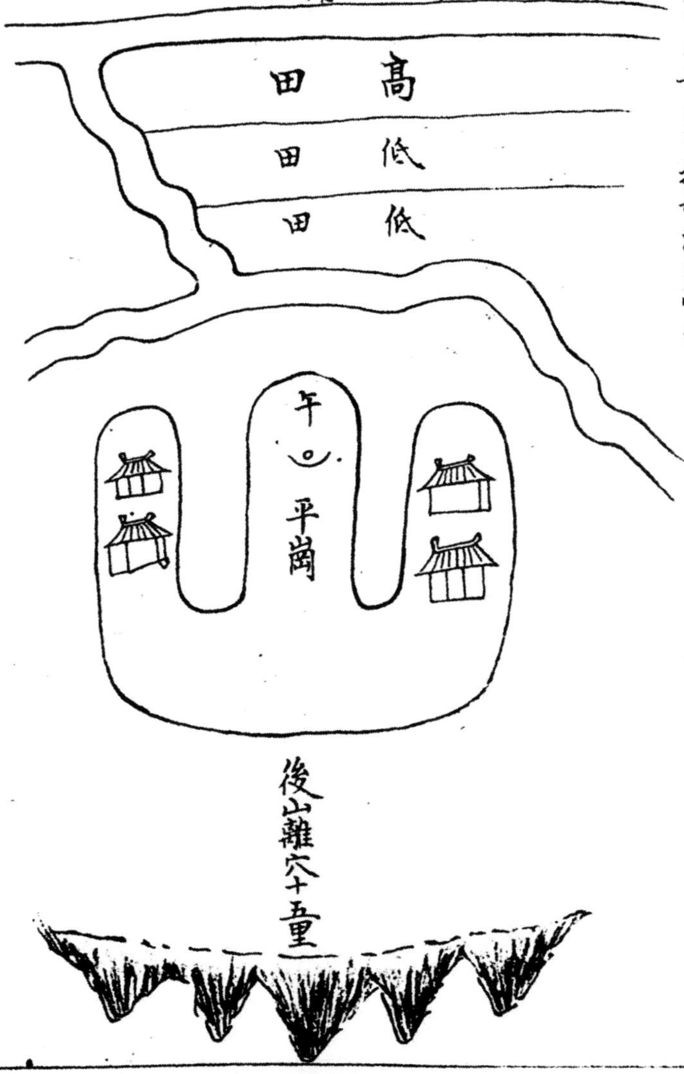

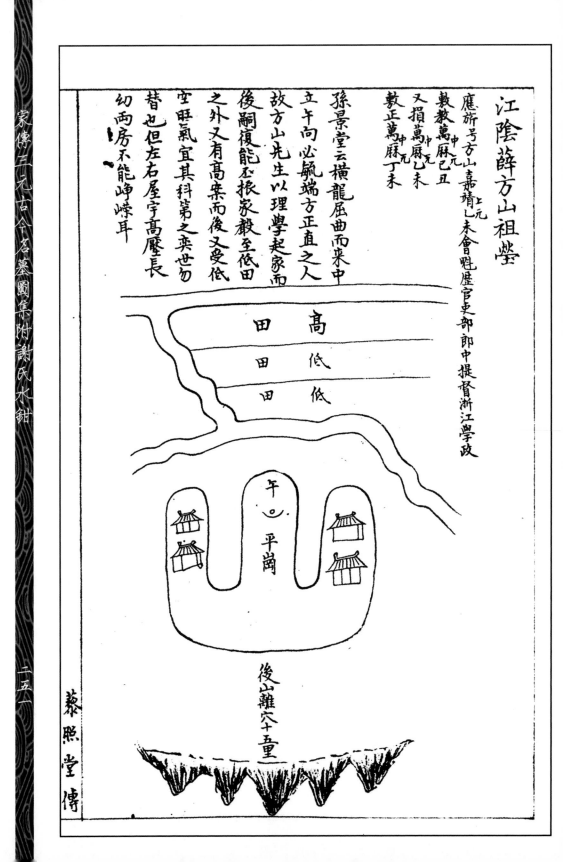

武進周給事祖坟

厝成化戊戌下元
壙弘治己未下元
山嘉靖戊戌上元
墊嘉靖辛丑上元

孫景堂云四圍皆水亦作中宮論但前朝大蕩後東狹小非中局之可比況左右前後異砂聳拔形體團聚翔護重〻此聚砂之最秀者誠三元之佳壤也

丹陽賀廡憲祖坟

邦泰嘉靖（上元）己未進士歷官江西按察司
納賢萬麻（中元）庚子
懋功萬麻（中元）癸卯
卿萬麻（中元）庚戌
懋敬鄉貢

三面有池原屬品字形局近聞東浦余氏祖坟此合此格故躋顯貴此等龍穴在幕講師辨之最詳惜世人未讀其書也 景堂

地在丹陽縣南八十里土名馬墓
丑未兼癸丁山向（何其謬也）此地原屬三元不敗之局
兼向錯立福澤大減

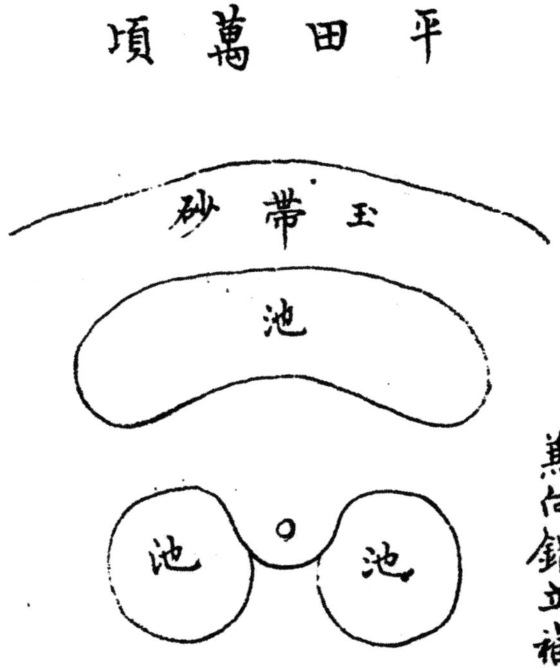

海寧查都憲祖坟

約弘治壬戌下元進士歷官都察院右副都御史

秉彝嘉靖上元戊戌進士歷官順天府尹

志隆嘉靖上元己未進士
歷官山東叅政

志立嘉靖上元進士歷官山東
叅議

志宏戊午上元舉人

志文丁卯中元舉人官同知

兑允萬厤中元丙戌官廣西副使

始祖一穴龍神不聚以其上前太遠故不
能收氣也西比一穴坐向得宜始為正局
以其午水清純前後包固故簪纓奕世勿替　孫景堂

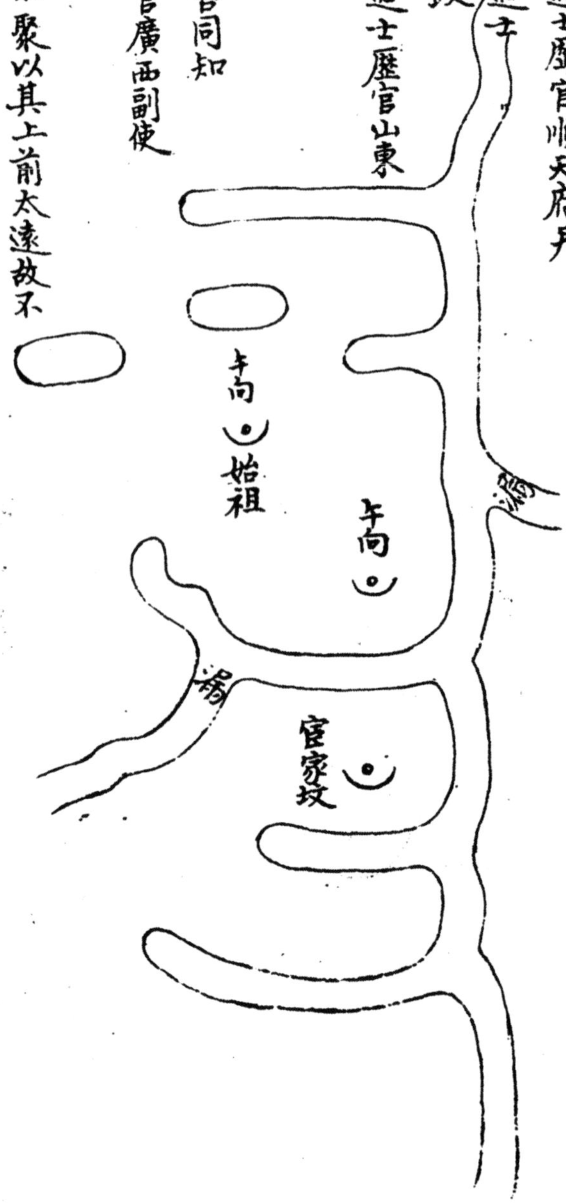

此地後托有力力量固大但嫌左右漏泄其奕世
顯赫應不盡從此地中來

家秘本

湖州溫探花祖坟

應祿嘉靖上元癸丑進士翰林院編修
應聘四川鹽課司提舉
體仁萬曆中元戊戌進士翰林院編修

此雖三元之地而下元應尤妙

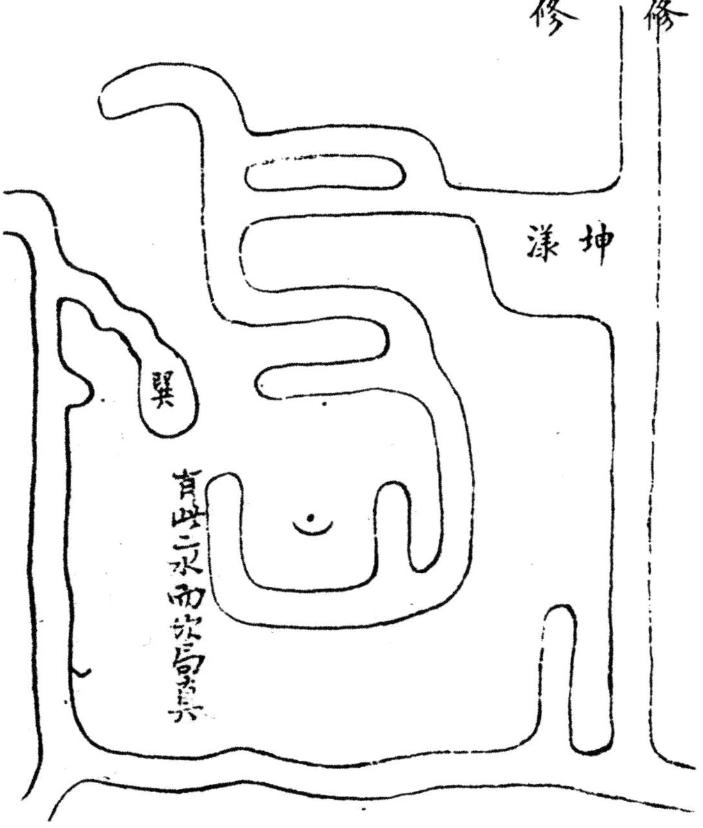

南潯董尚書祖坟

祖庠贈通議大夫　父環贈吏部左侍郎

潯陽嘉靖上元辛丑歷官禮部尚書兼翰林學士

道醇萬厤中元癸未官工科給事中

嗣成萬厤中元庚辰禮部郎中

嗣昭萬厤中元甲午鄉魁乙未進士

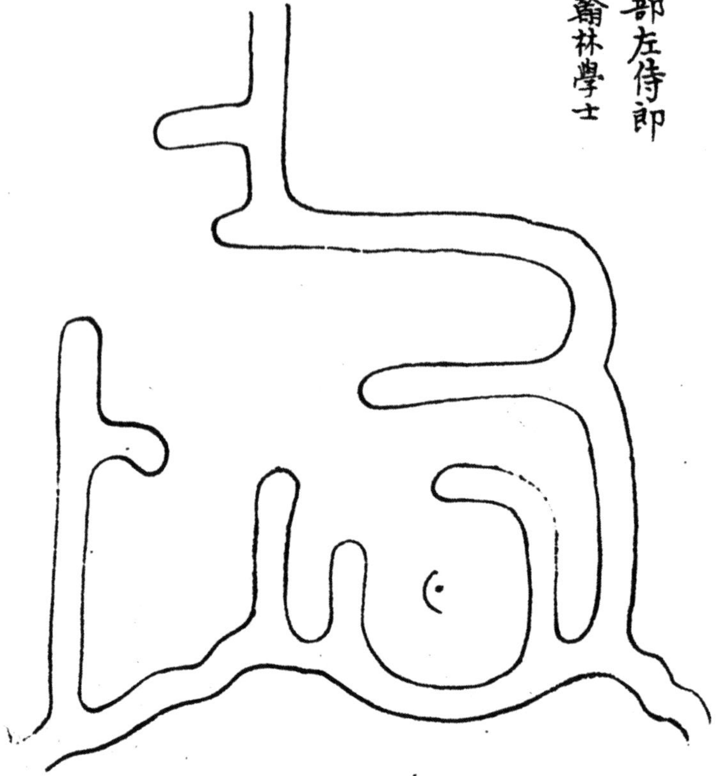

馮會元祖塋 地在嘉興府西門驛後

夢禎萬麻中元丁丑會元翰林院
編修諭德掌院印左庶子
國子監祭酒

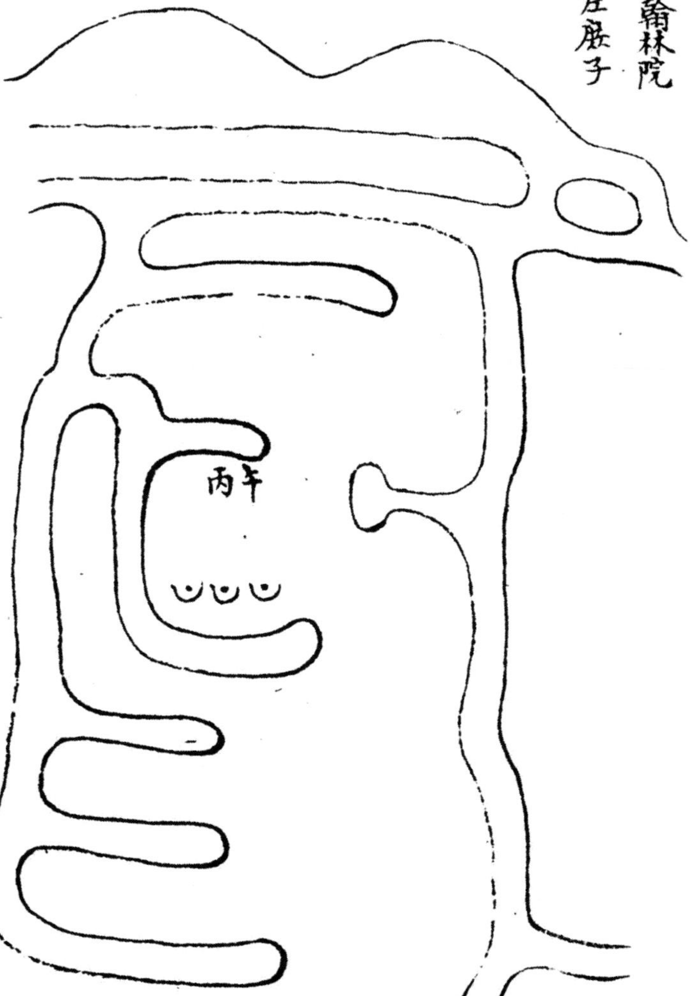

藜照堂傳

張春宇祖坟

此地發一知府一布政

中元

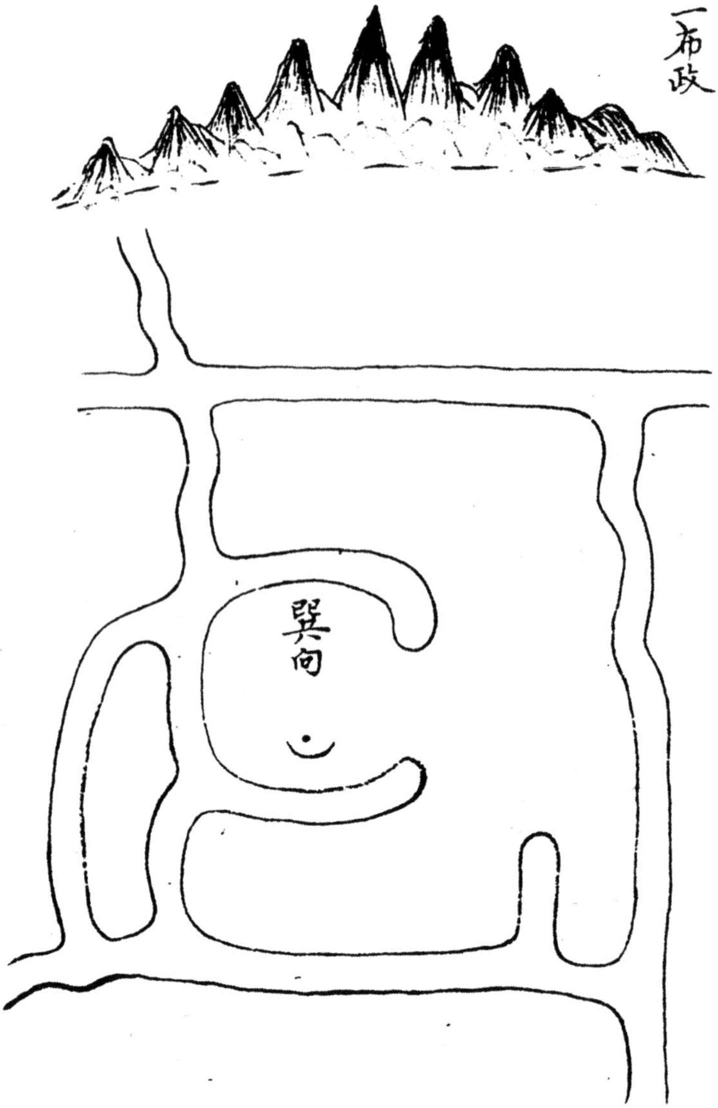

此地在平湖縣南地名蕩裏宗外是山山外是海

家秘本

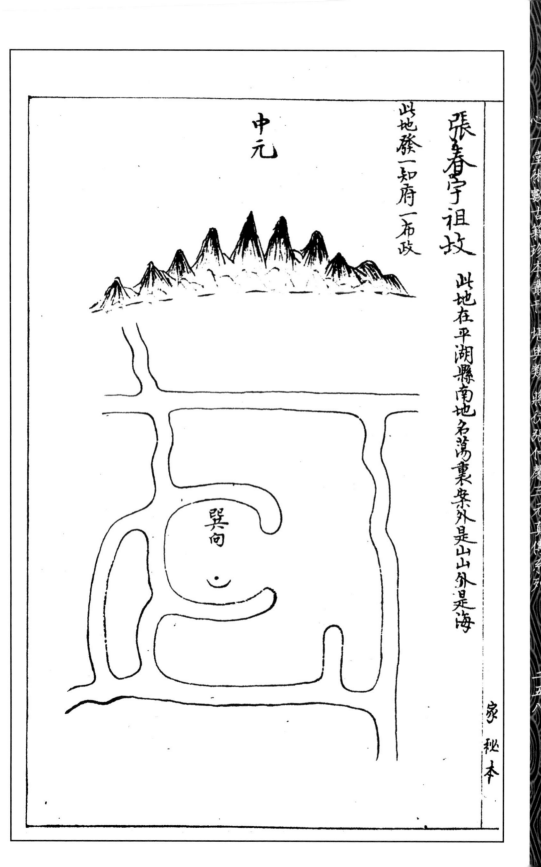

秀水卞鑑泉祖坟

大同号鑑泉嘉靖上元戊戌歷官福建副使
大有嘉靖上元丁未歷官江西提學副使
大順加靖上元癸丑官吏部文選司郎中
我意此地必不僅發上元

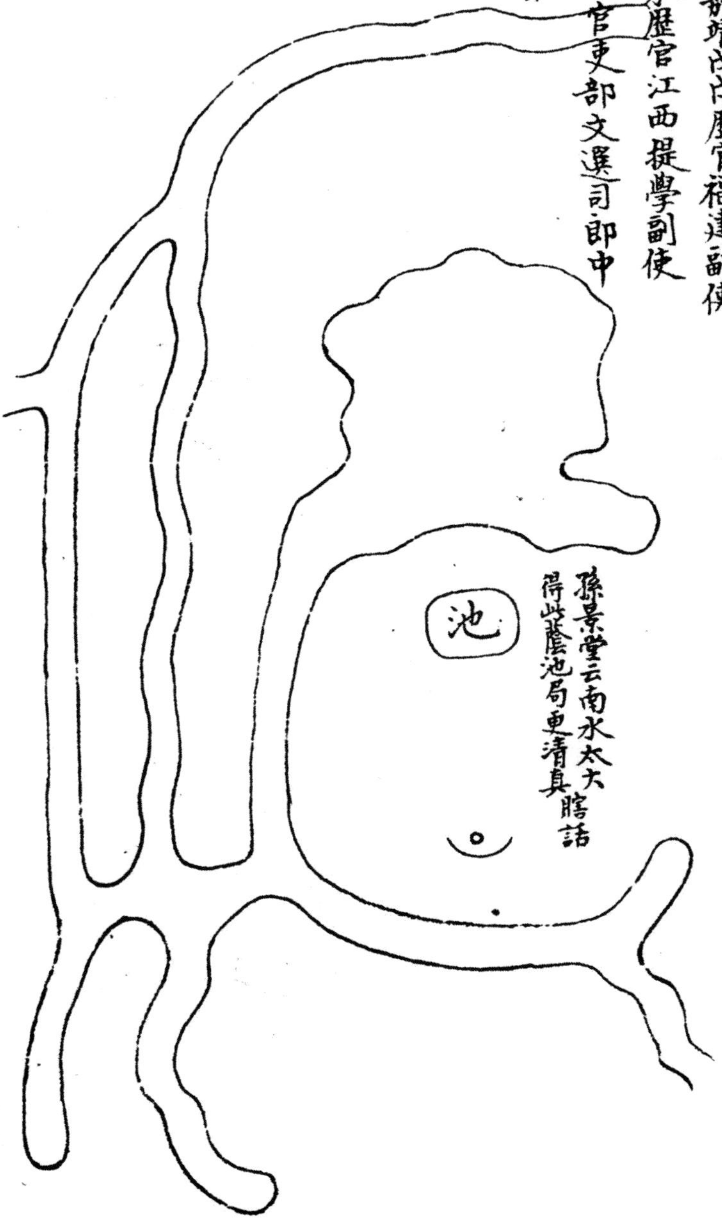
池
孫景堂云南水太大
得此蔭池局更清真
瞎話

嘉善盛兵憲祖坟

唐号文湖嘉靖上元戊戌東昌府知府

世徵萬厤中元丙子官知縣

治徵萬厤中元丙子官知州

懋時由太學官中書

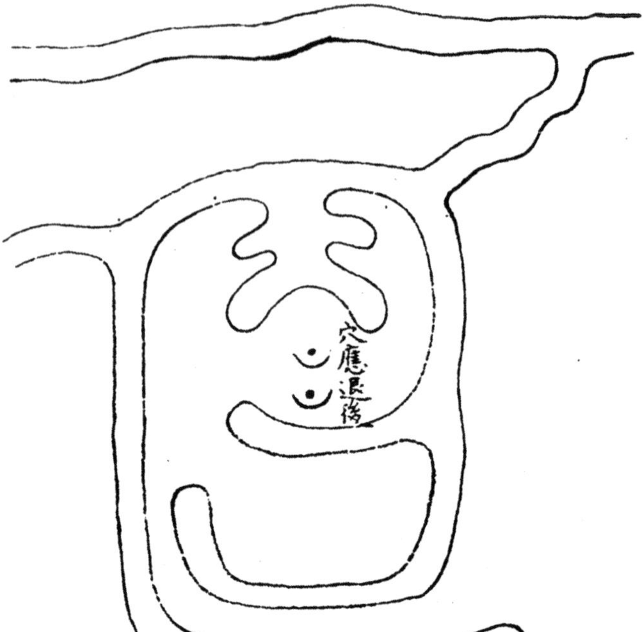

家秘本

平湖馬暎臺祖坟

千秉 号暎臺 隆慶戊辰 中元 官廣東副使

千里 文林郎

維銘 萬厤庚辰 中元 官兵部主事

曾山 海関

應圖 萬厤丁丑 中元 官禮部郎中

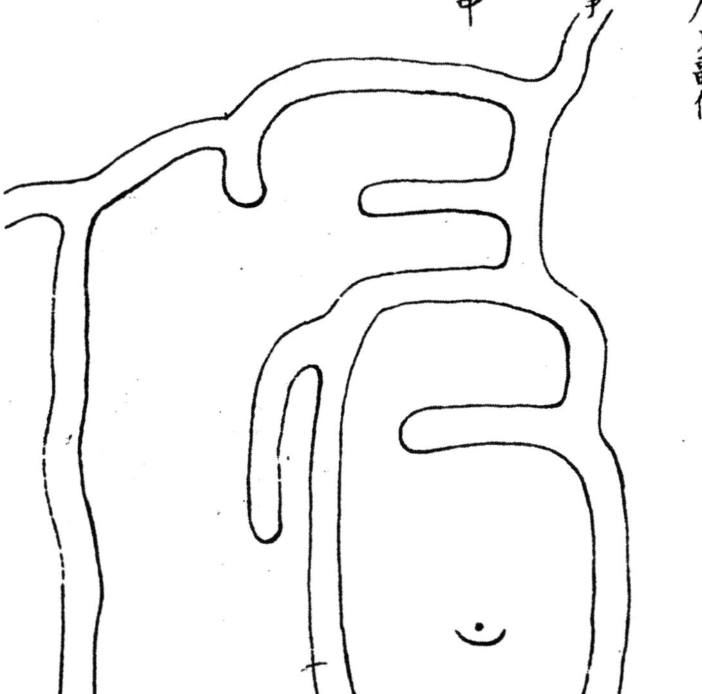

蔡照堂傳

嚴尚書祖地

清嘉靖上元甲辰歷官刑部尚書

子宜官左府都事

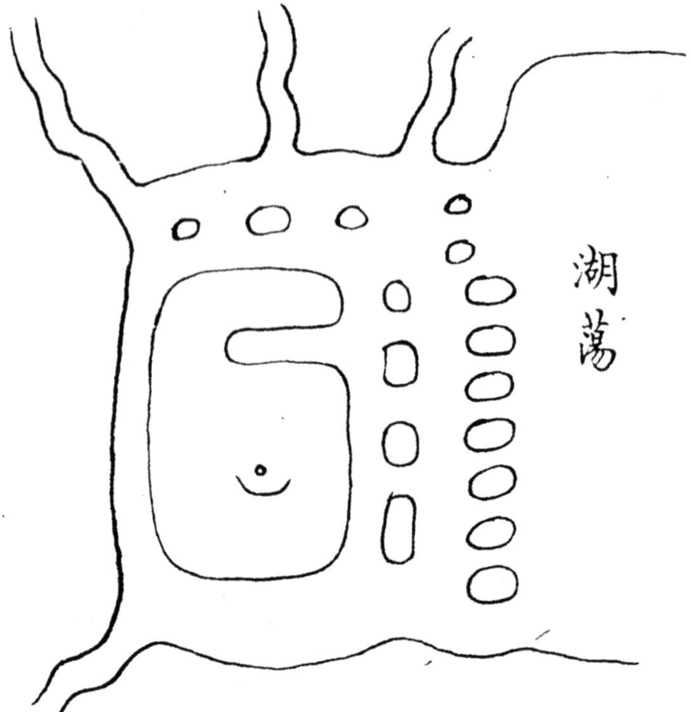

家秘本

南昌劉氏祖塋地在彭祖園

蔣大鴻先生扦

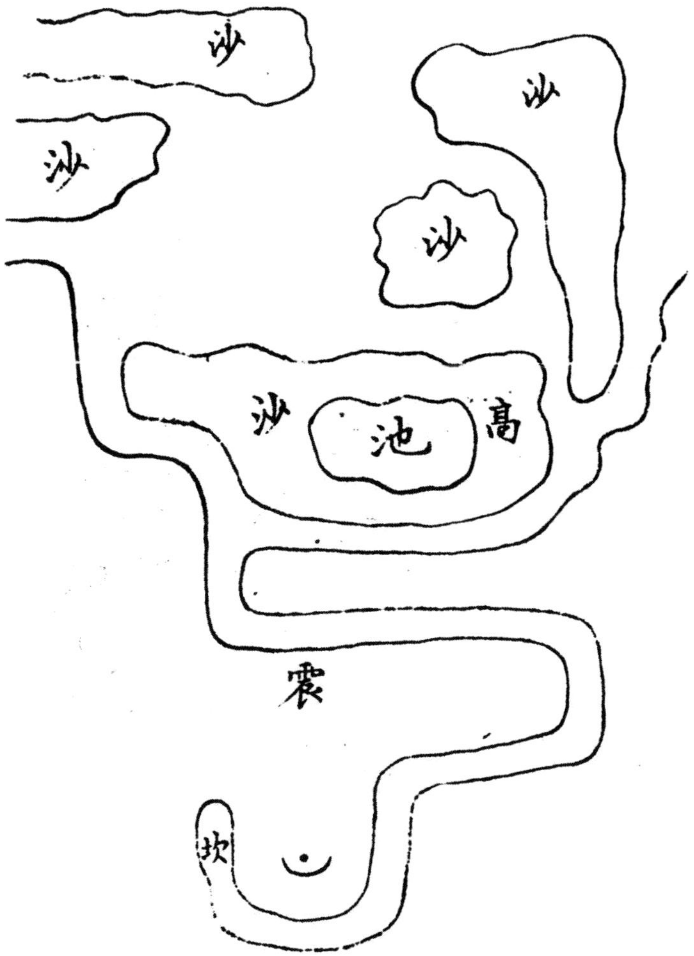

蔡照堂傳

此地發兄弟兩尚書三進士

蔣大鴻先生扦

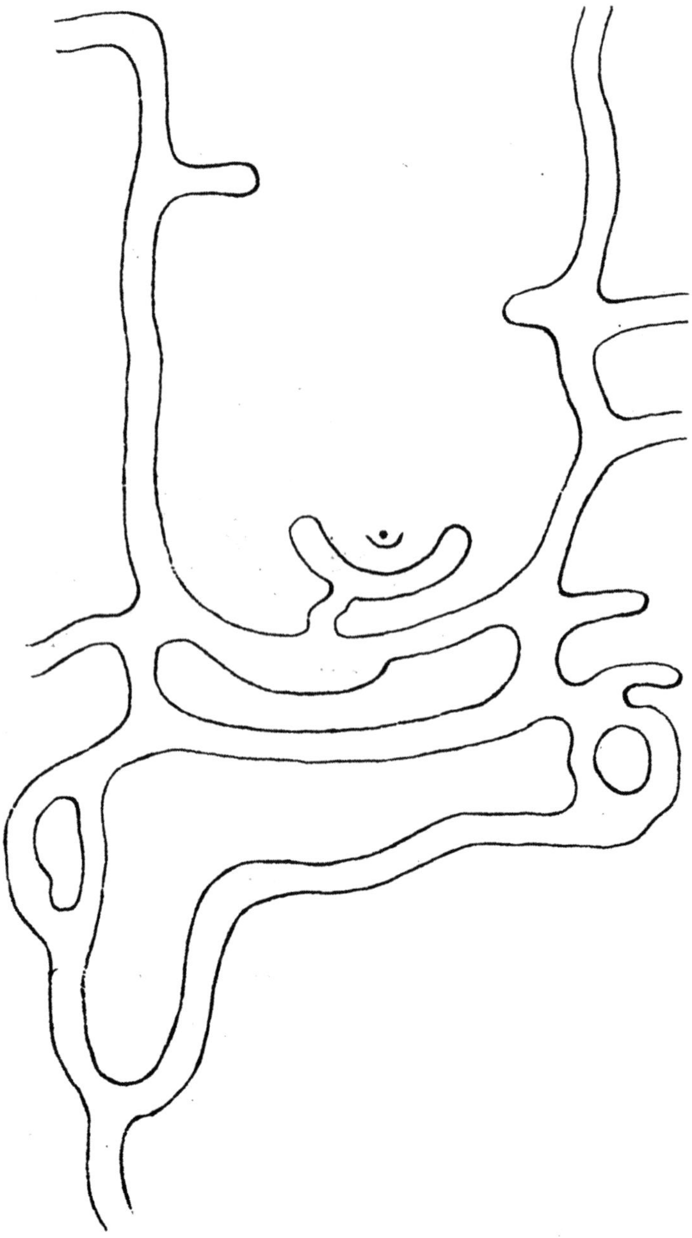

家秘本

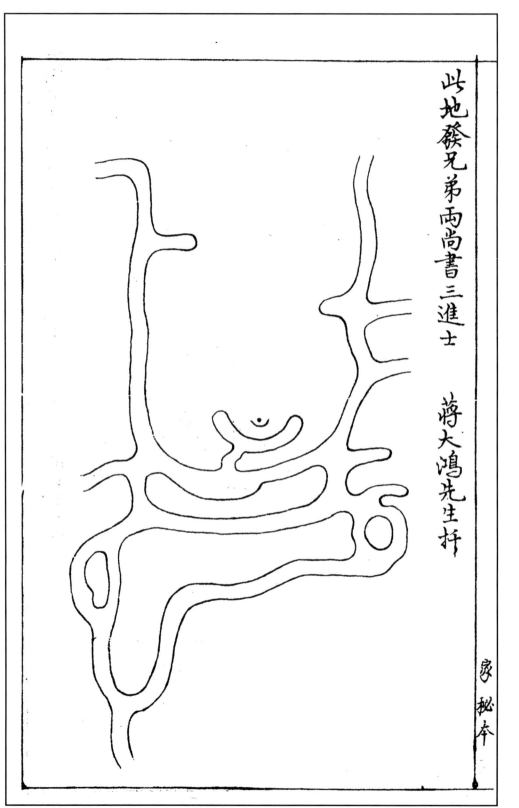

毘陵楊氏祖地相傳幕講師扦　葬後午科戌科連發乾隆壬戌出榜眼

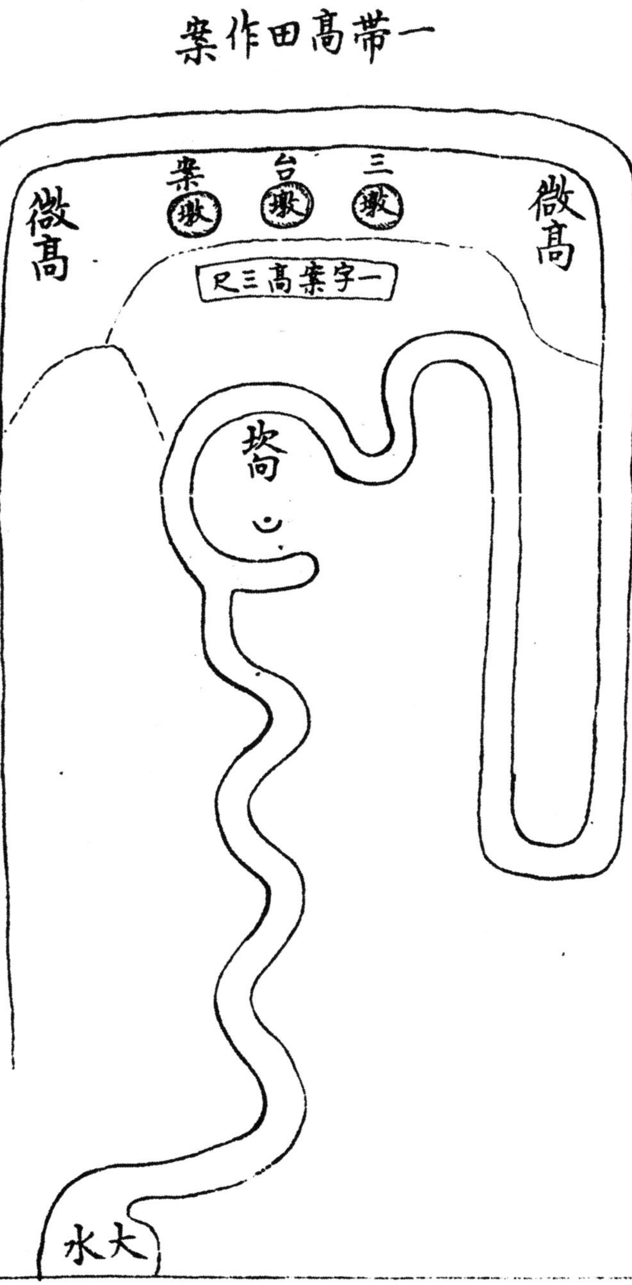

藜照堂傳

餘姚耿氏地

蔣大鴻先生扦

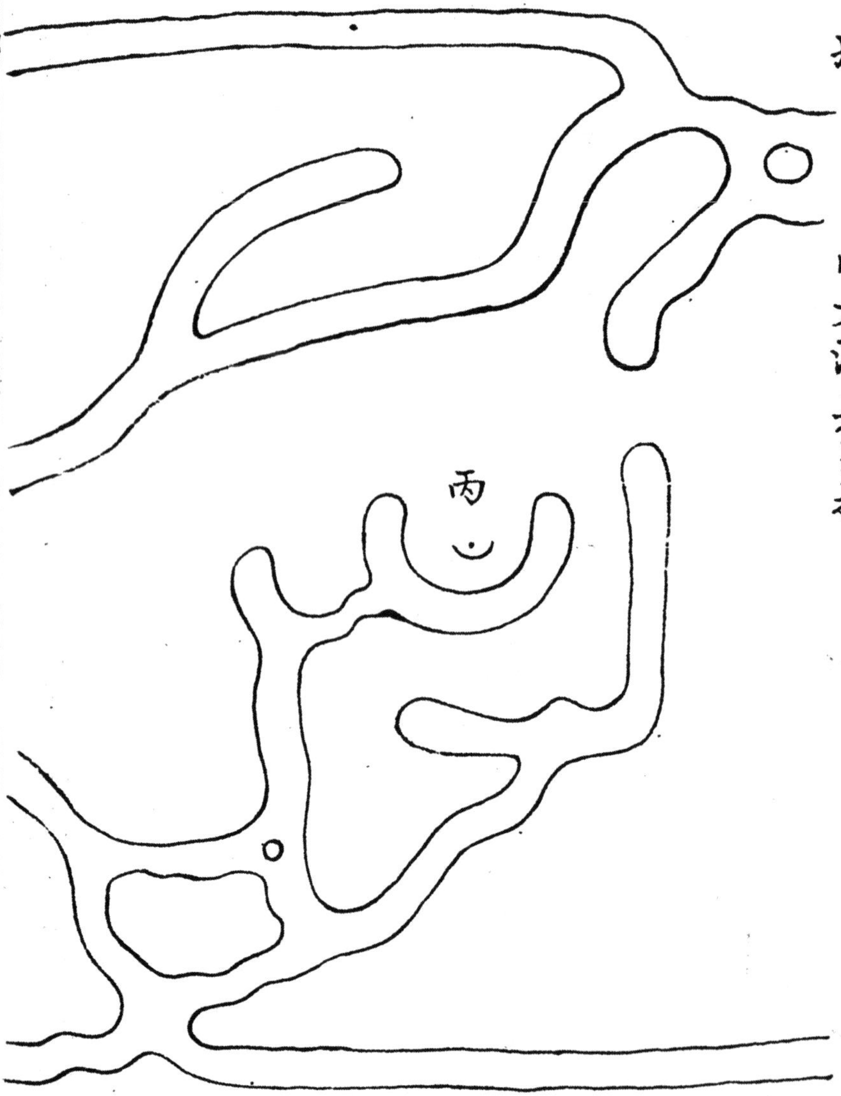

家秘本

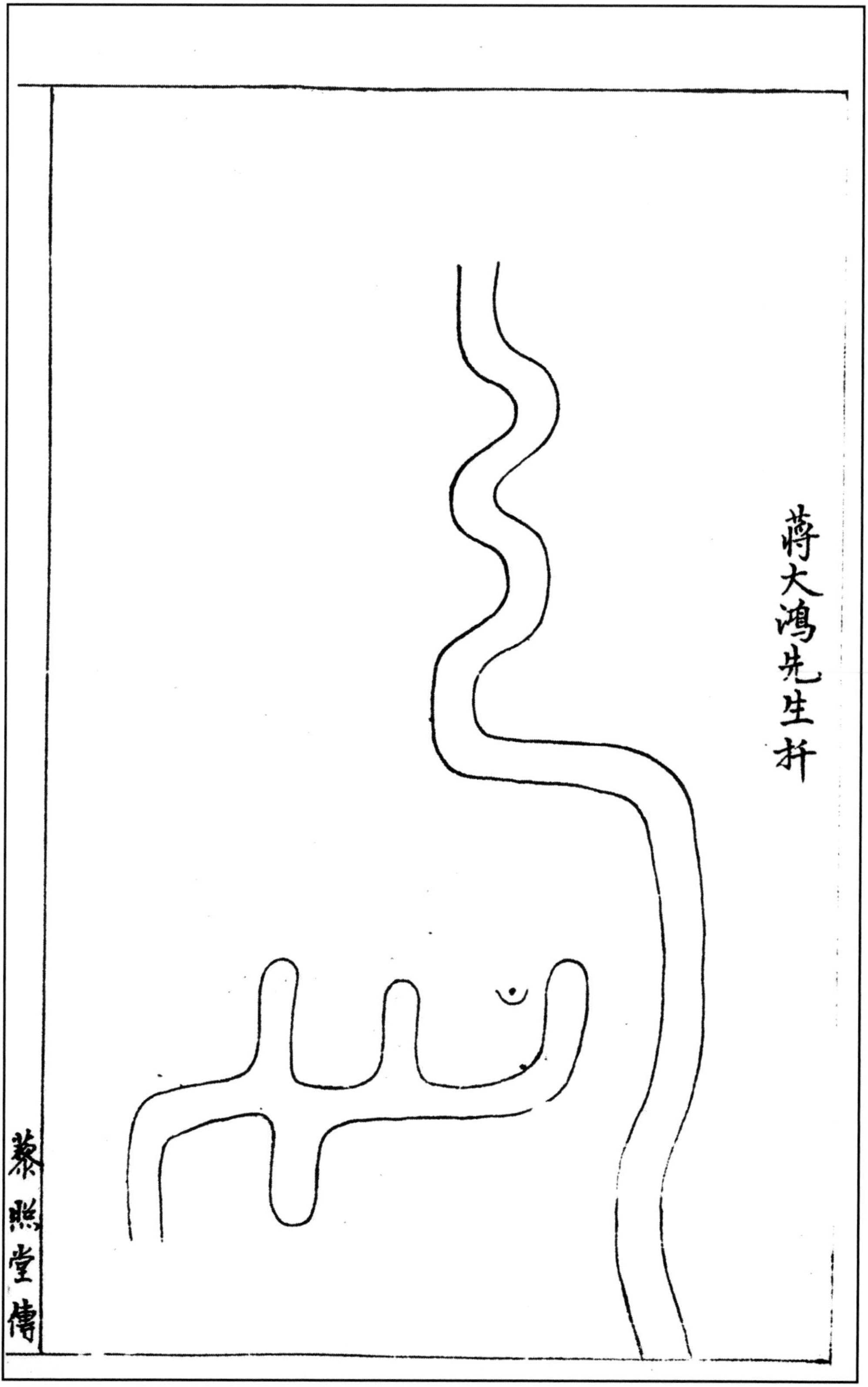
蔣大鴻先生扦
藜照堂傳

蔣大鴻先生扦

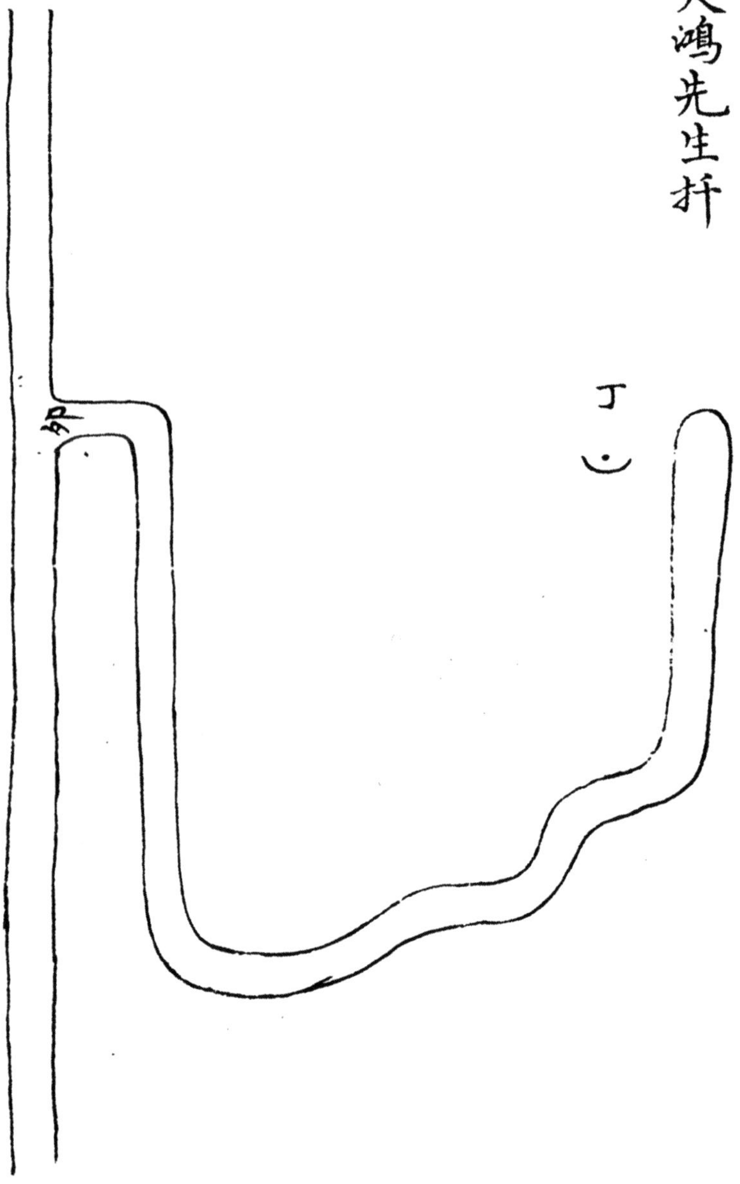

家秘本

呂通政祖坟

希周嘉靖丙戌官右通政
後以平倭功陞通政司

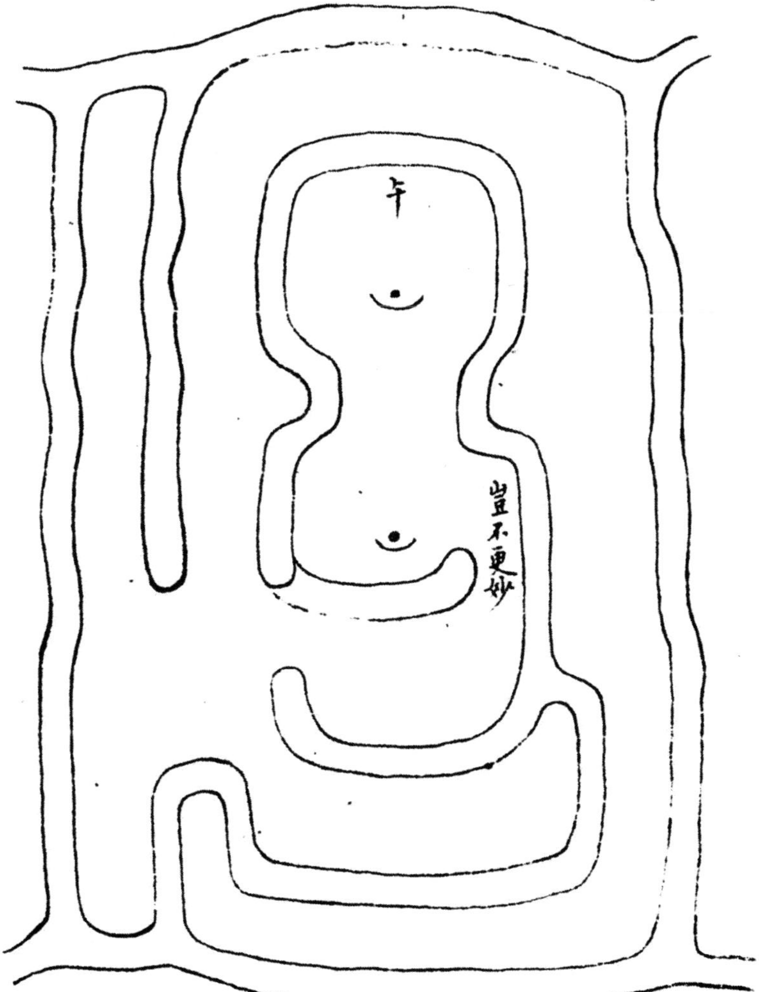

藜照堂傳

呂夢雲祖坟

夢雲楊州府泰興縣知縣

李𤐶淮王府儀賓

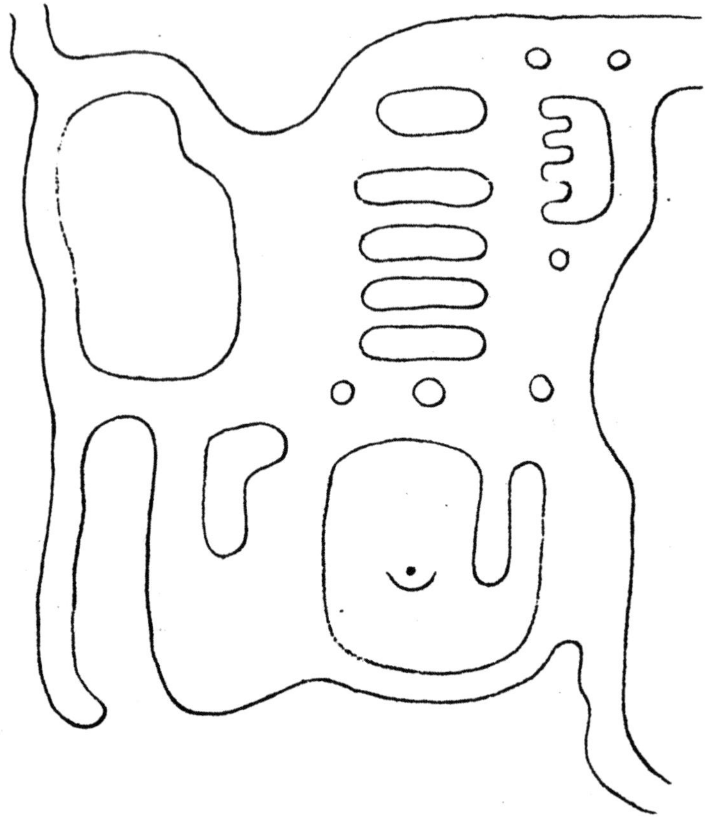

家秘本

袁了凡祖地

藜照堂傳

吳孝子祖地

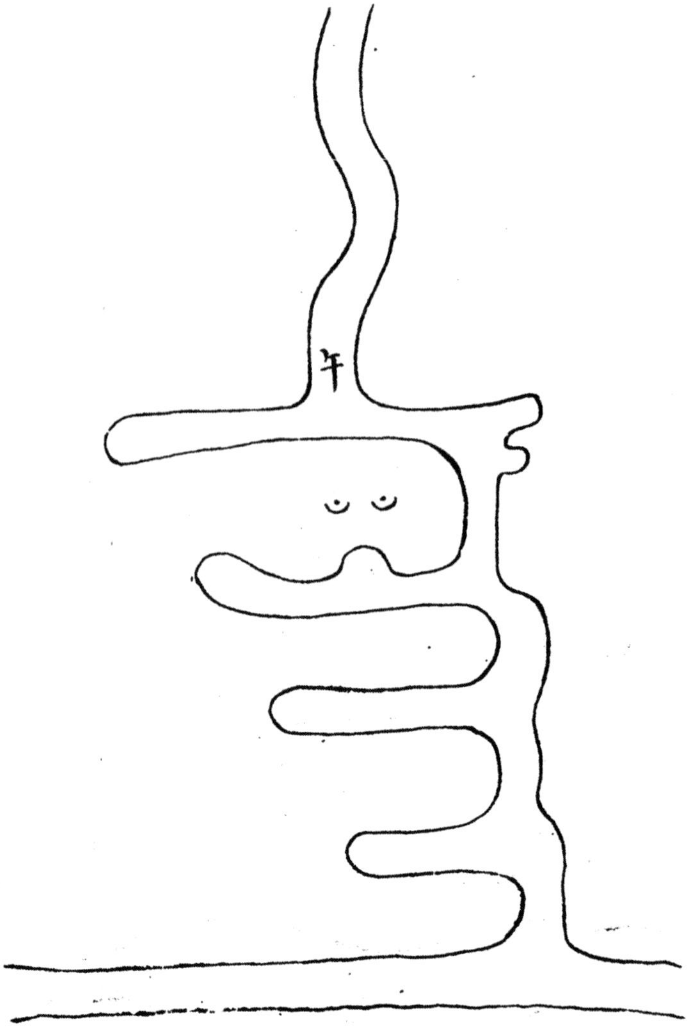

家秘本

茅鹿門祖地

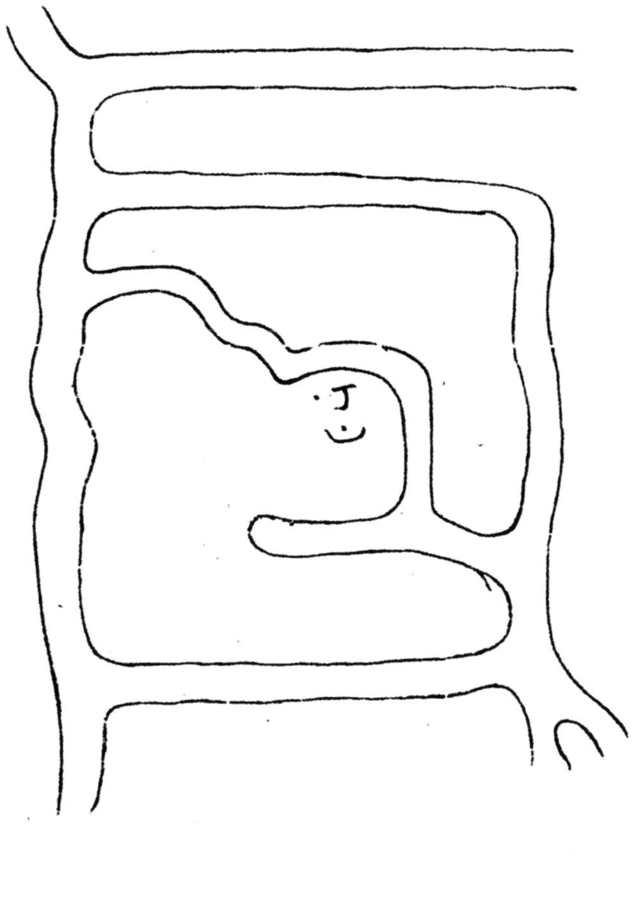

蔡照堂傳

黃蔡陽祖地

出進士六人

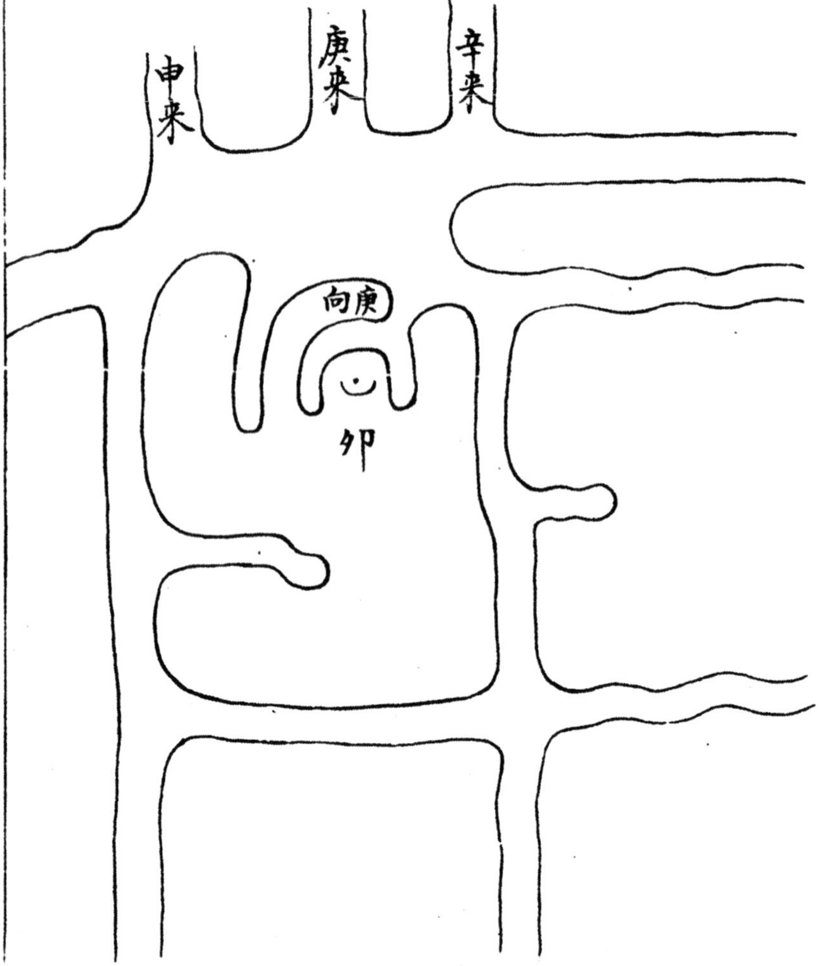

家秘本

孫樂農祖墓

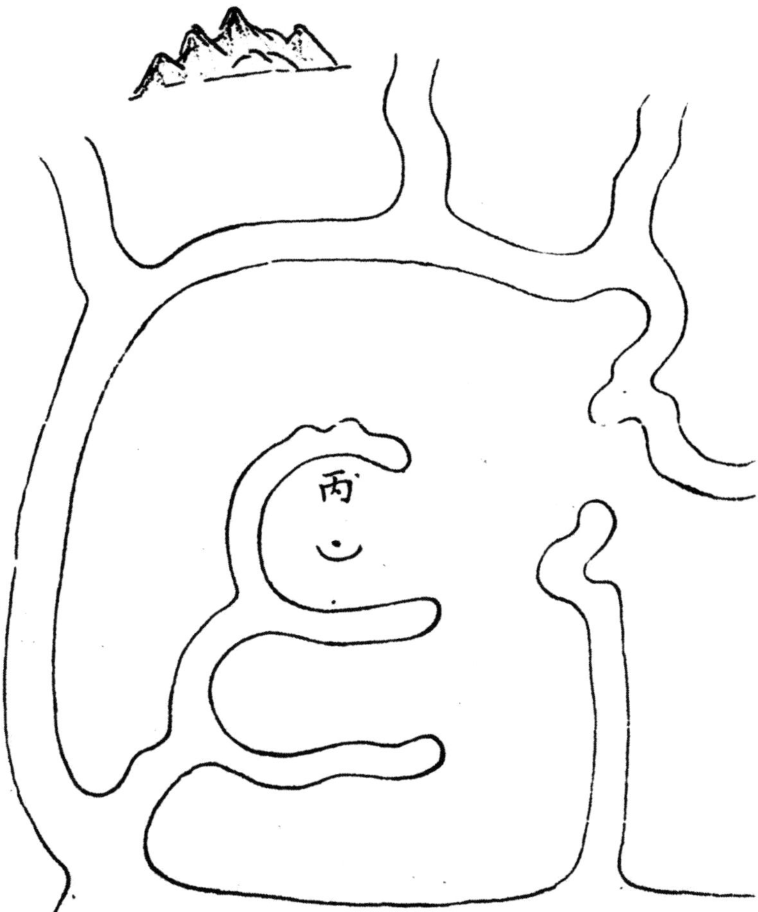

嘉興張探花祖地

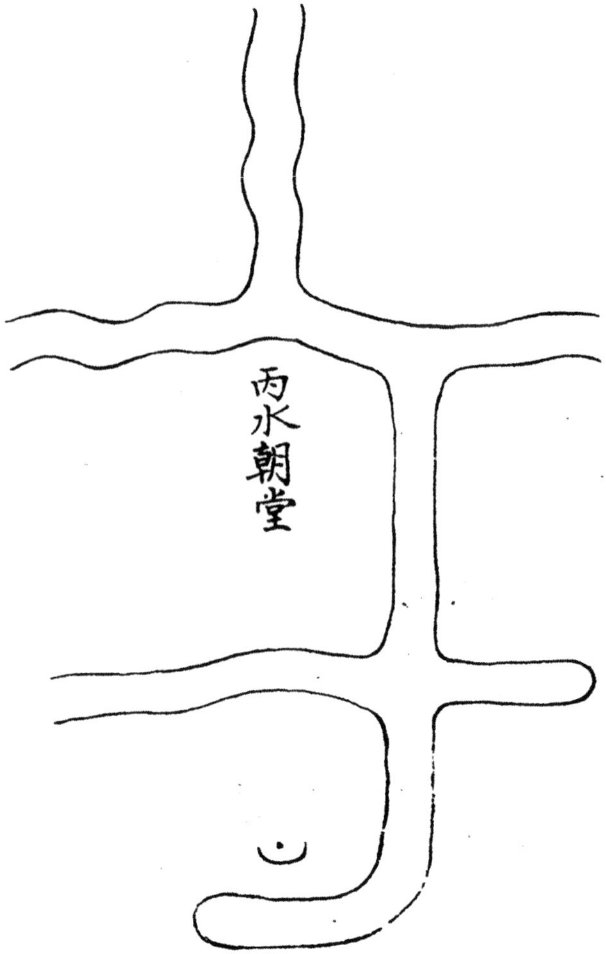

平湖沈晴峯祖地

肖山名弘光翰林院修撰

晴峯名梂孝隆慶中元戊辰主應天試國子司業

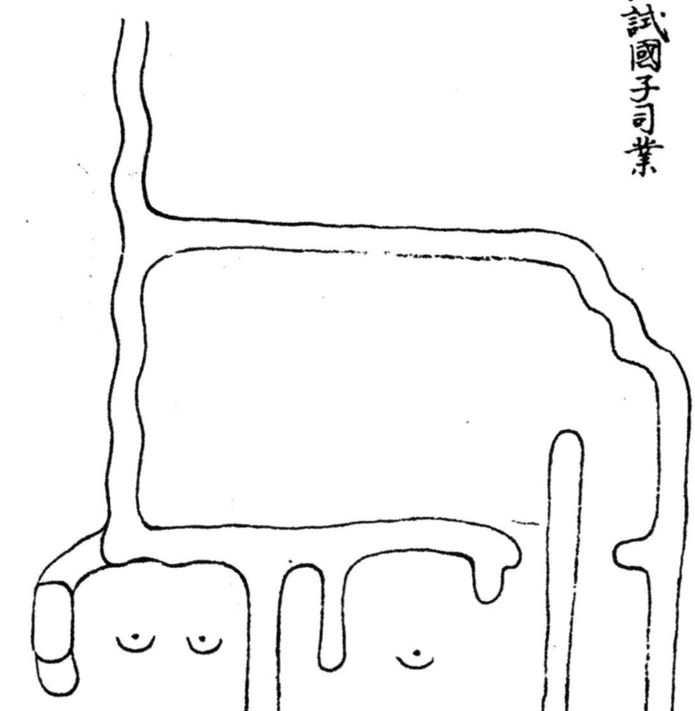

藜照堂傳

海塩劉熙臺祖

大宗發一舉人

二房發六進士

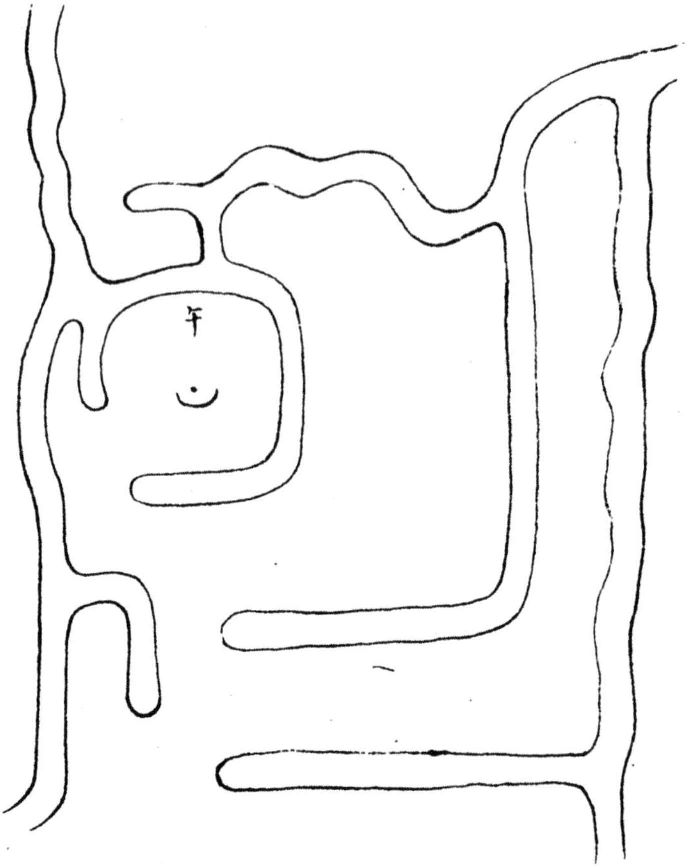

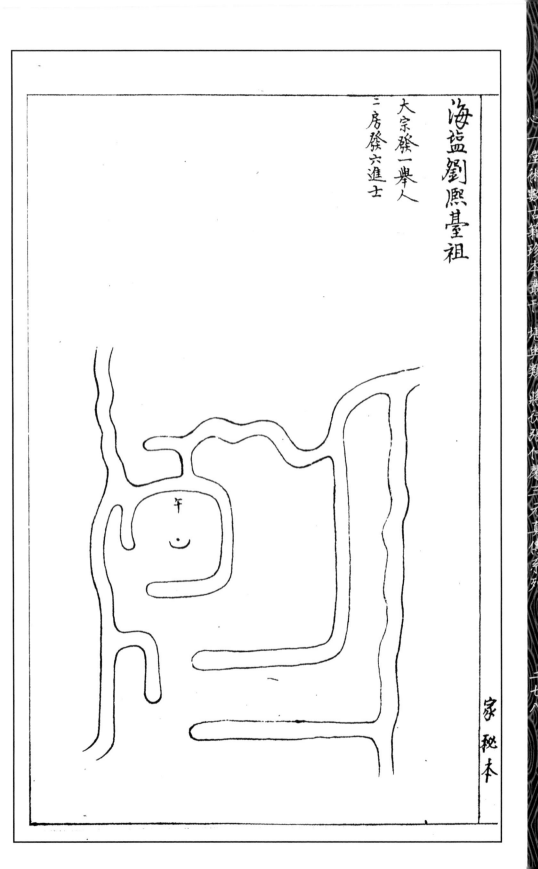

嘉定侯氏祖地

中元發三甲

此地若依楊公秘旨裁制以葬中元必異常顯赫豈僅小小發三甲而已哉惜作者是非大匠不能以人力補天巧是以未盡地靈力量耳後覺子筆

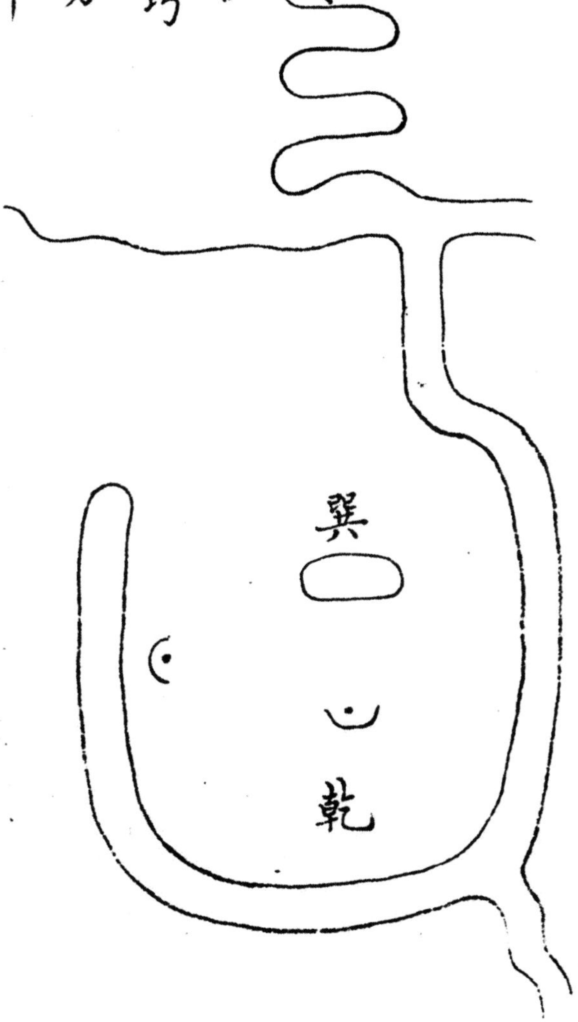

嘉定侯氏墓 在上海袁砂上

孫景堂曰此中元公侯之地侯氏扦於崇禎五年正當下元之初故鼎革時受害者甚多以忠受害榮於華袞亦有絕者亦只一房

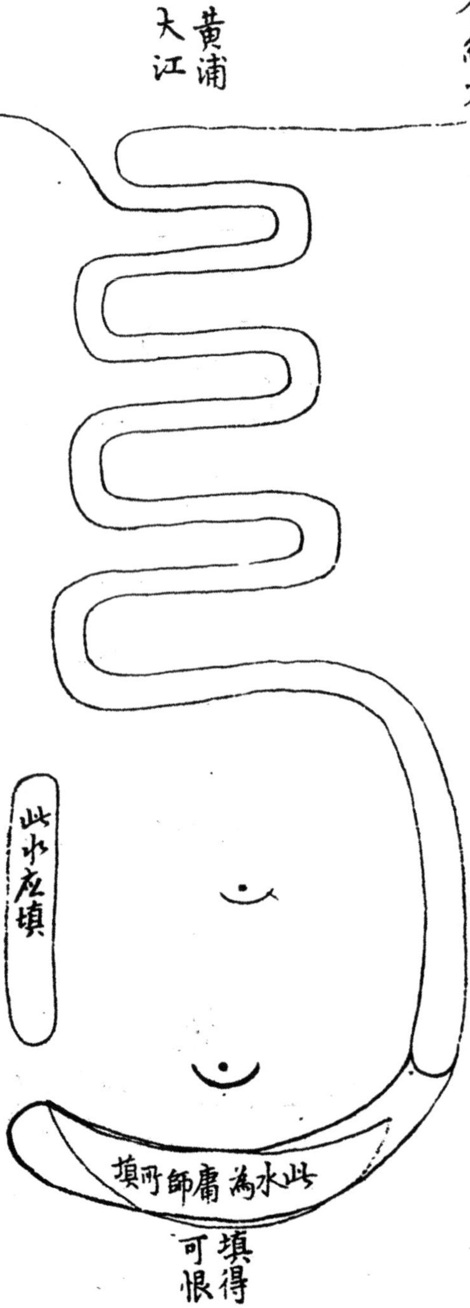

此地若依法裁成以葬中元富必敵國貴必三公即交下元亦不至有害惟上元乃所不免耳有此美地而壞於庸術之手惜哉後覺子筆

江陰夏給事祖塋

從壽弘治癸丑下元官兵科給事中

此地應發上元而反應下元我不能解

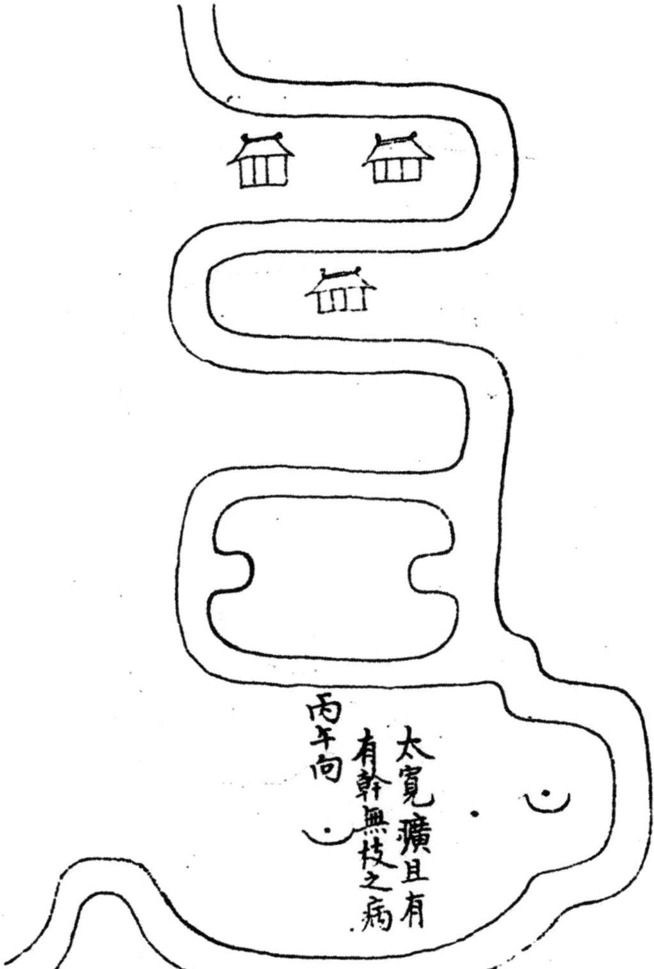

藜照堂傳

德清沈元澤祖坟

小房科甲最盛

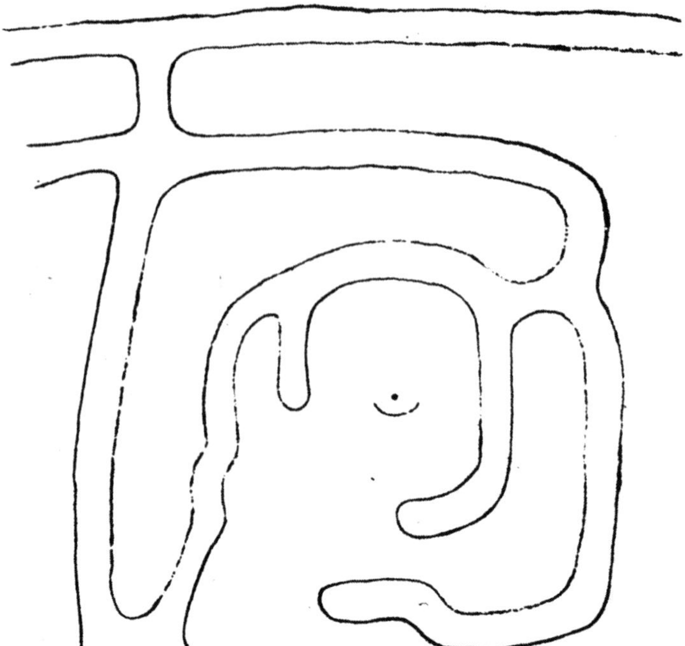

家秘本

秀水景氏地

蔣大鴻先生扦

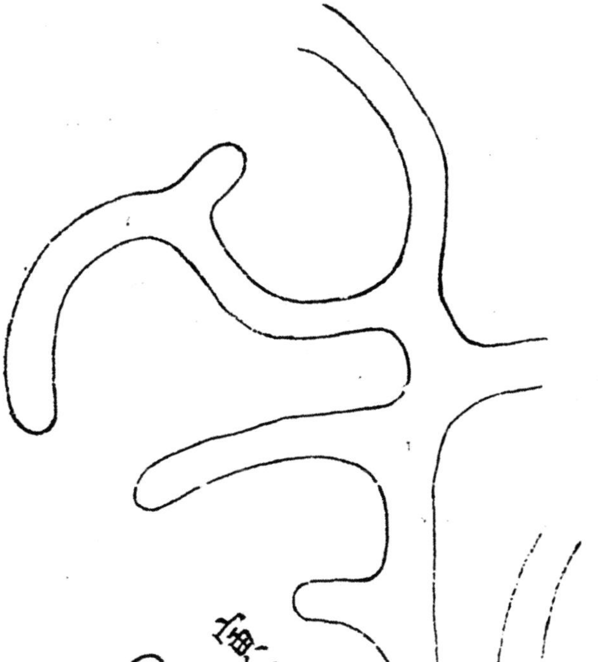

藜照堂傳

蔣大鴻先生扦

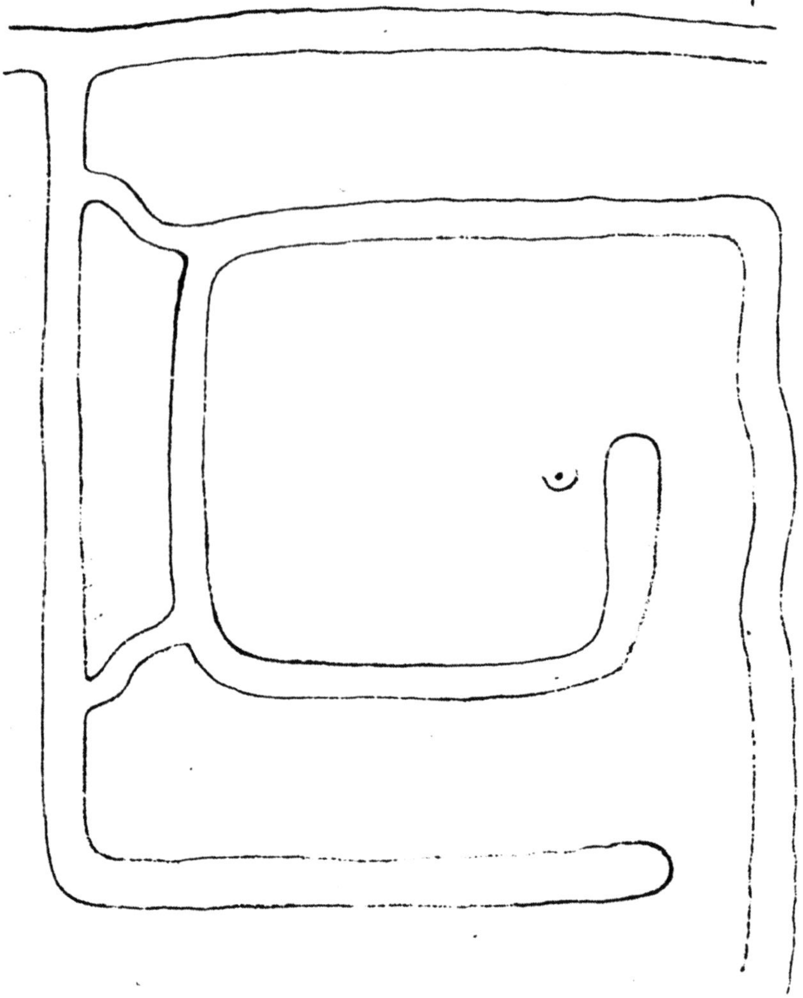

家秘本

陶石城祖墓

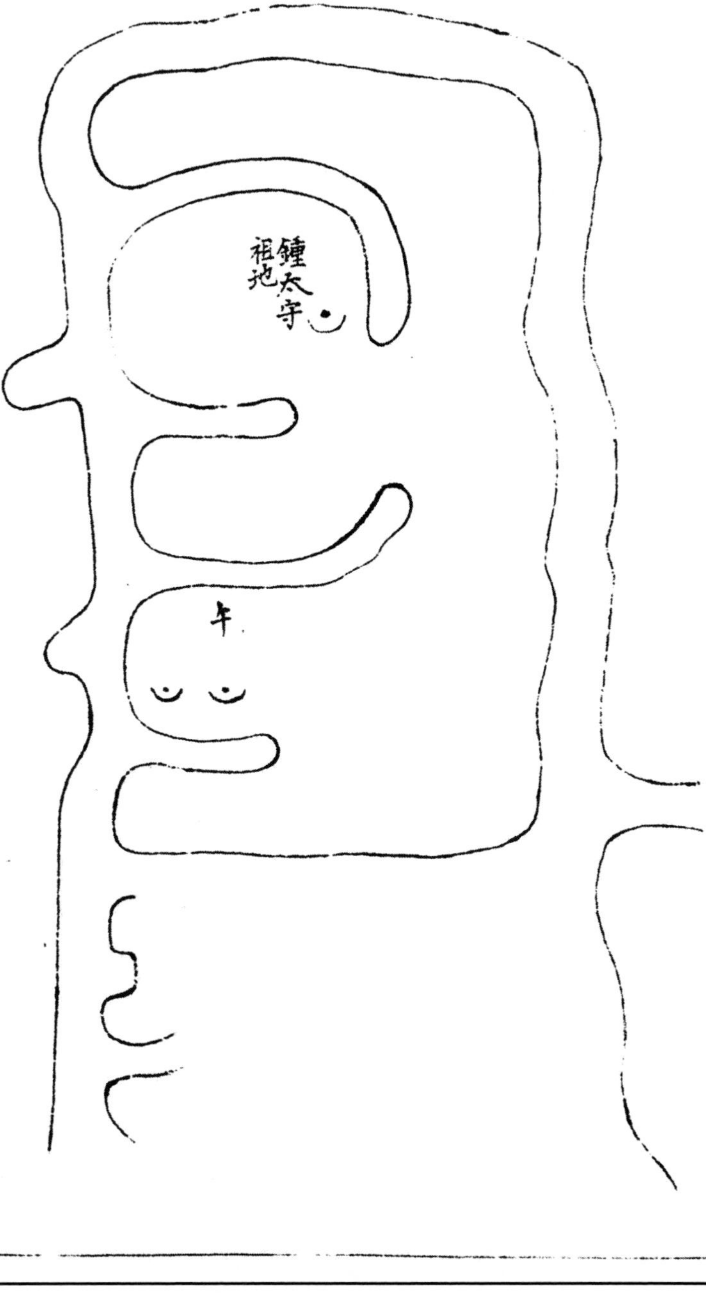

嘉興岳氏祖地　同胞三人俱貴

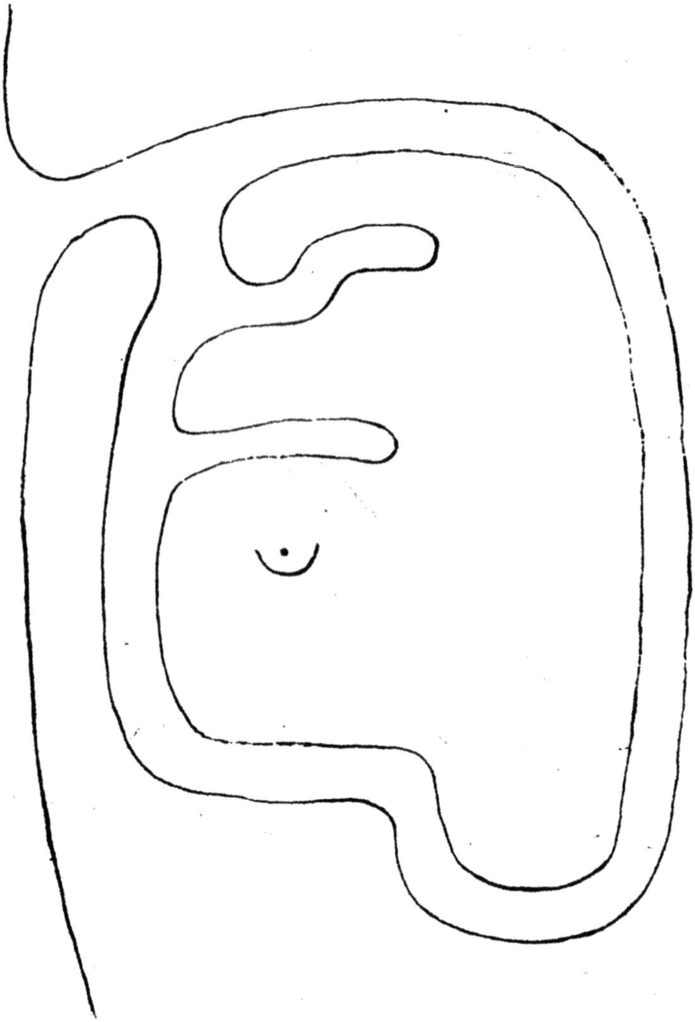

家秘本

雲間王氏新塋葬即發

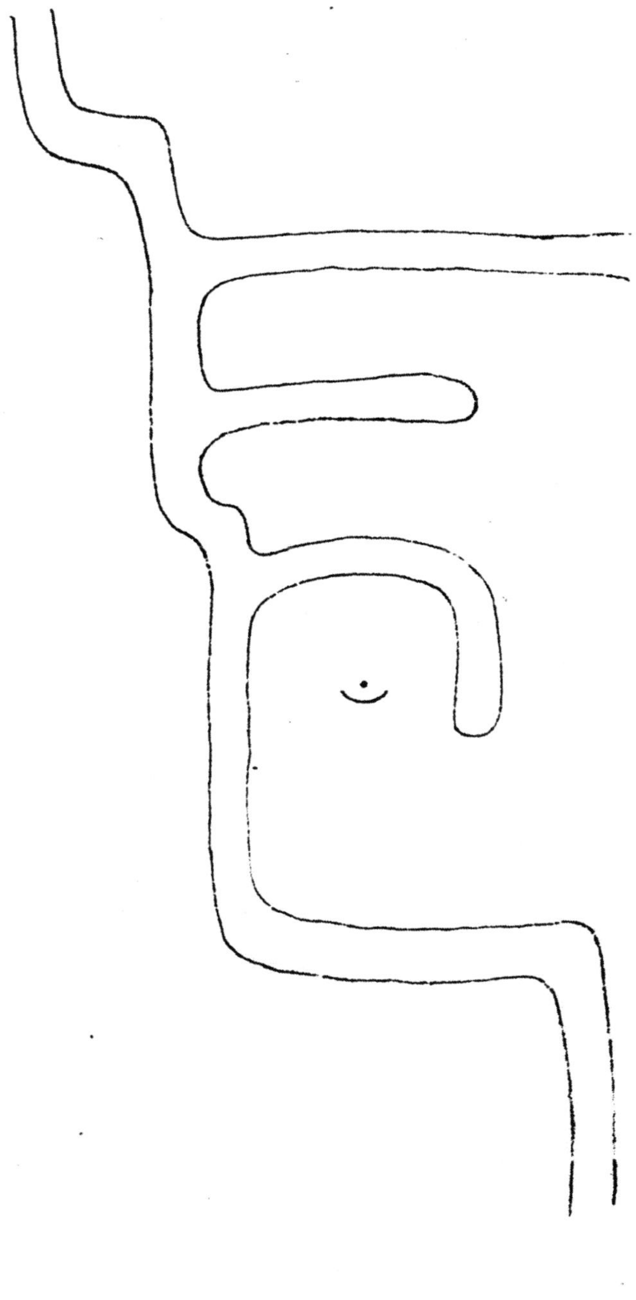

武進卞氏坟

富百萬發二甲二科

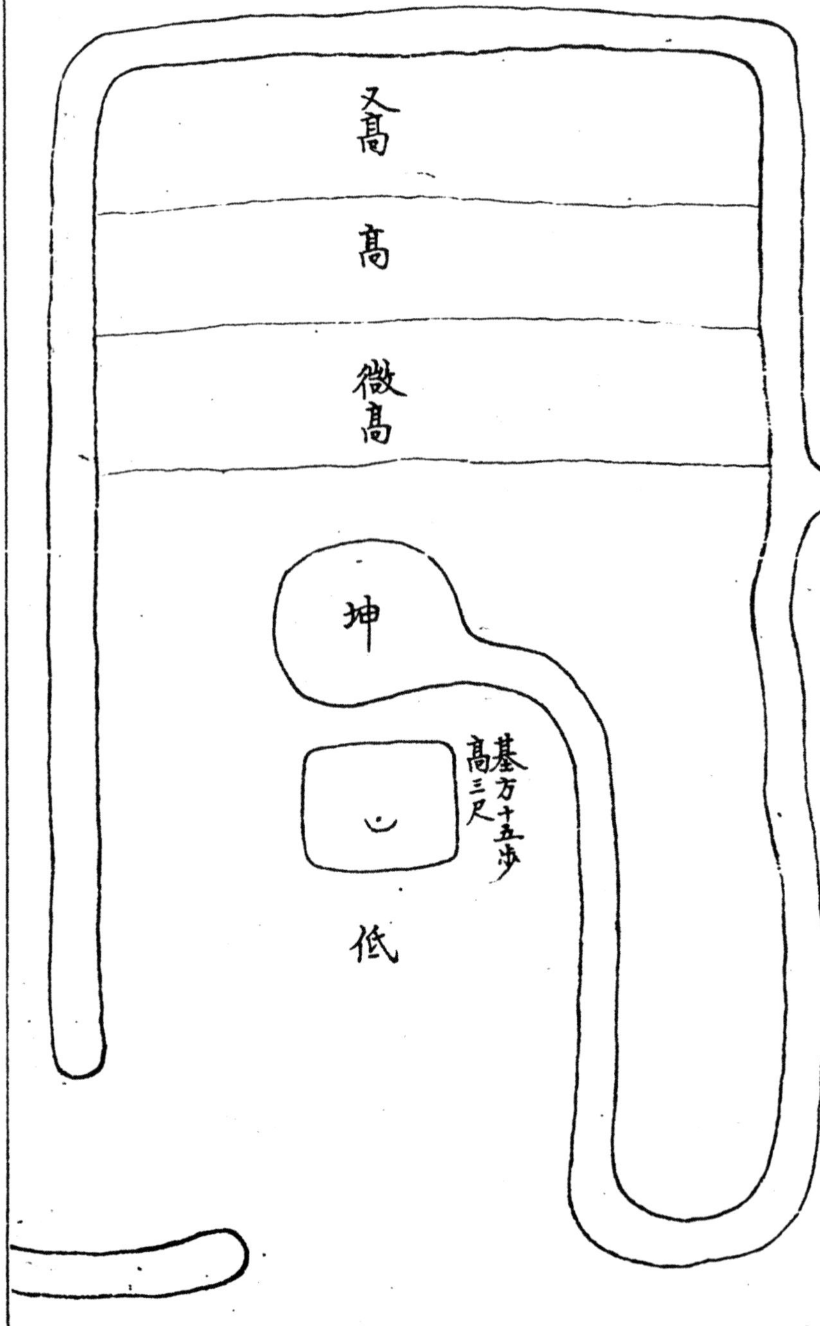

宋元侯祖地

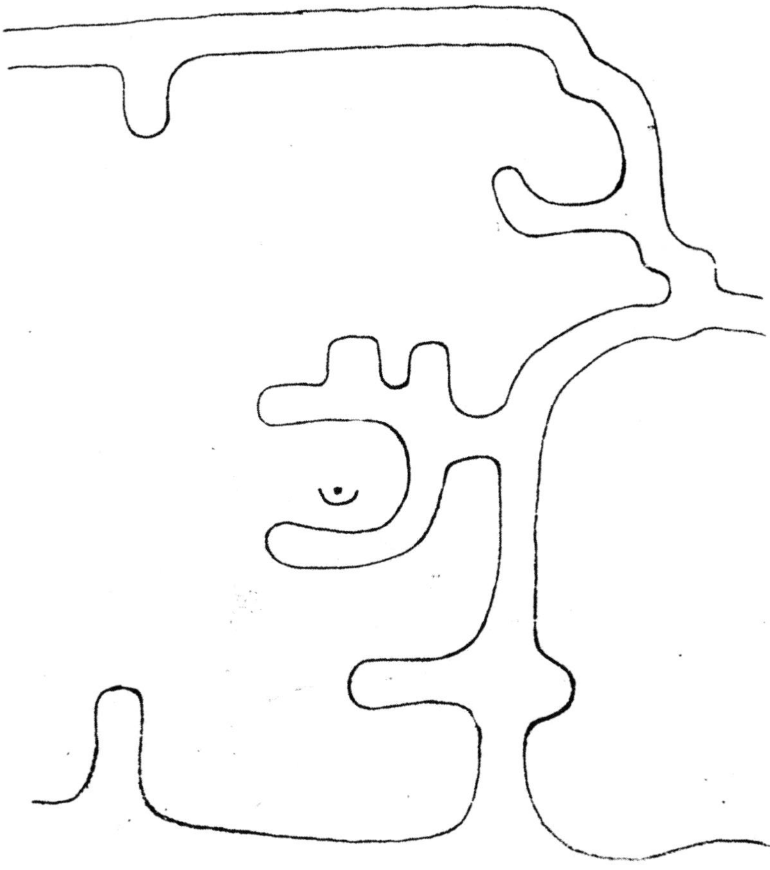

吳江丁氏墓

發富百萬而不貴

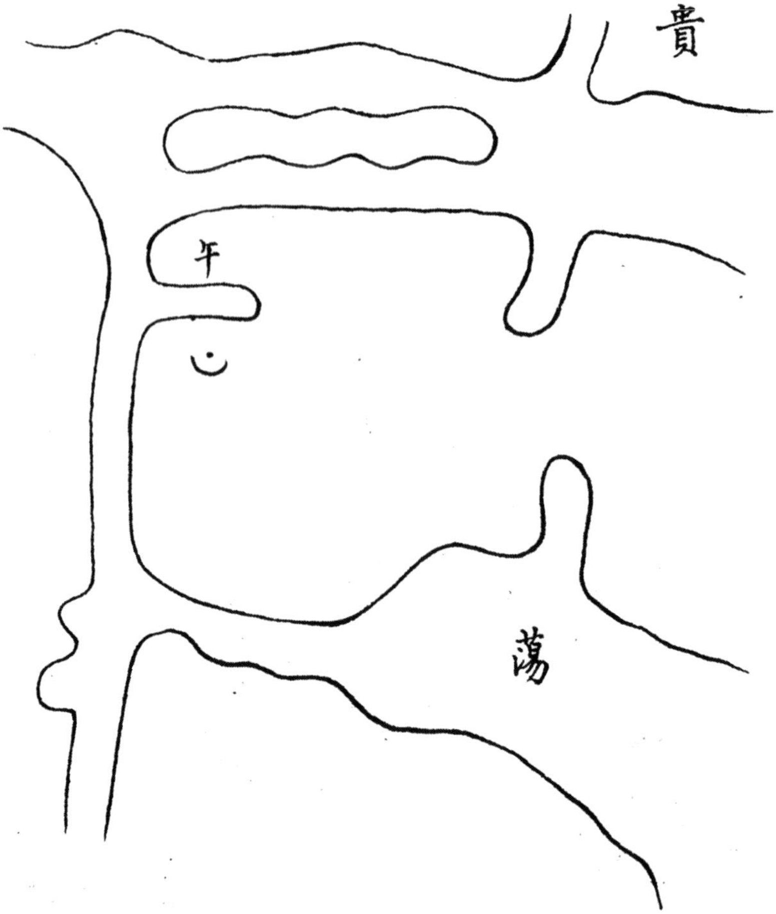

家秘本

嘉興徐司馬祖塋

姜汝皋扦

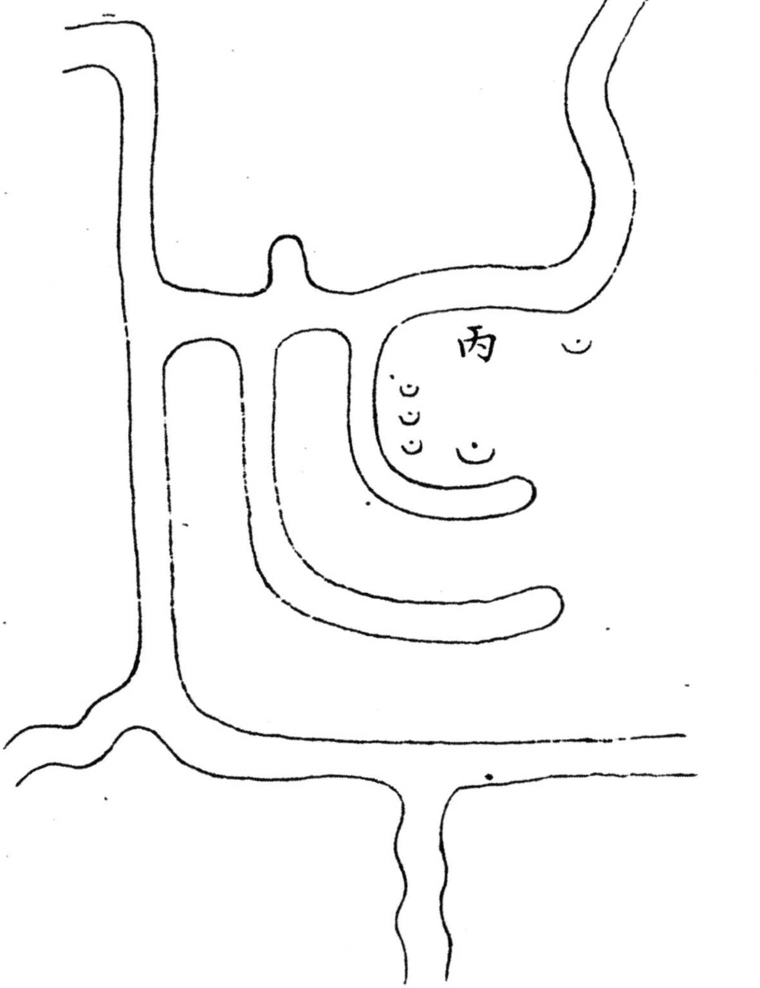

家秘本

上海川沙包升初墓　王南田扦

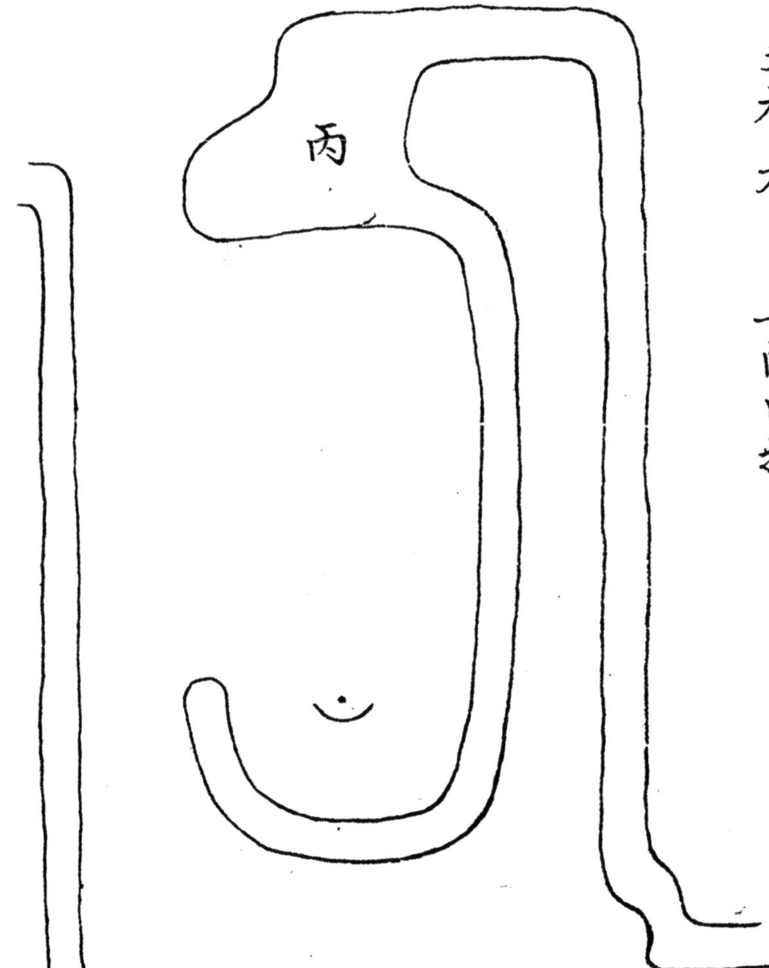

山陰朱衛岳公祖地

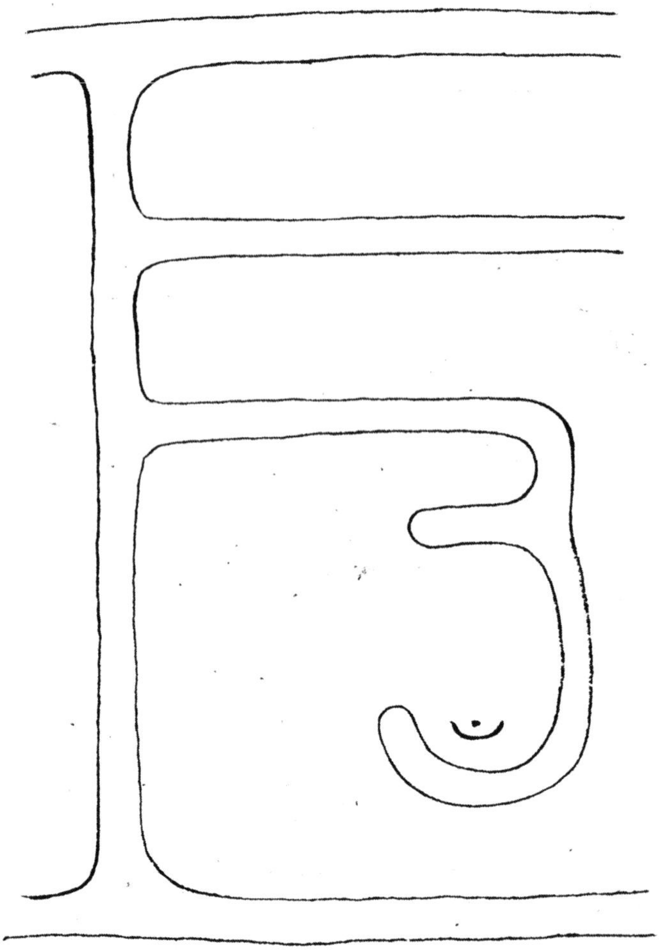

張夫人塋葬後驟發富貴

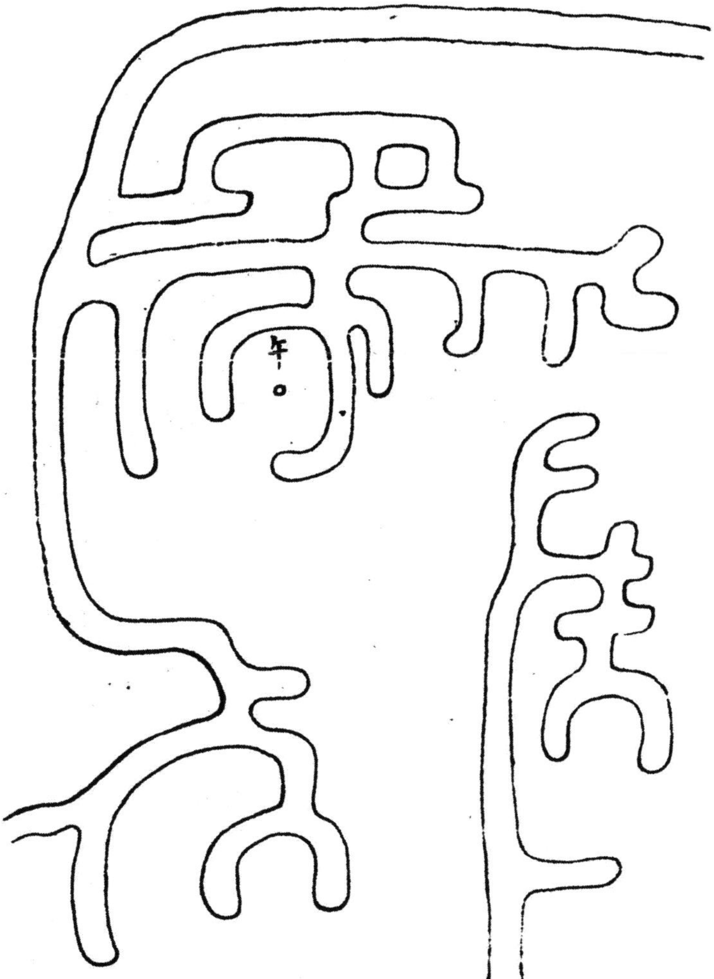

海寧沈孟湖祖坟

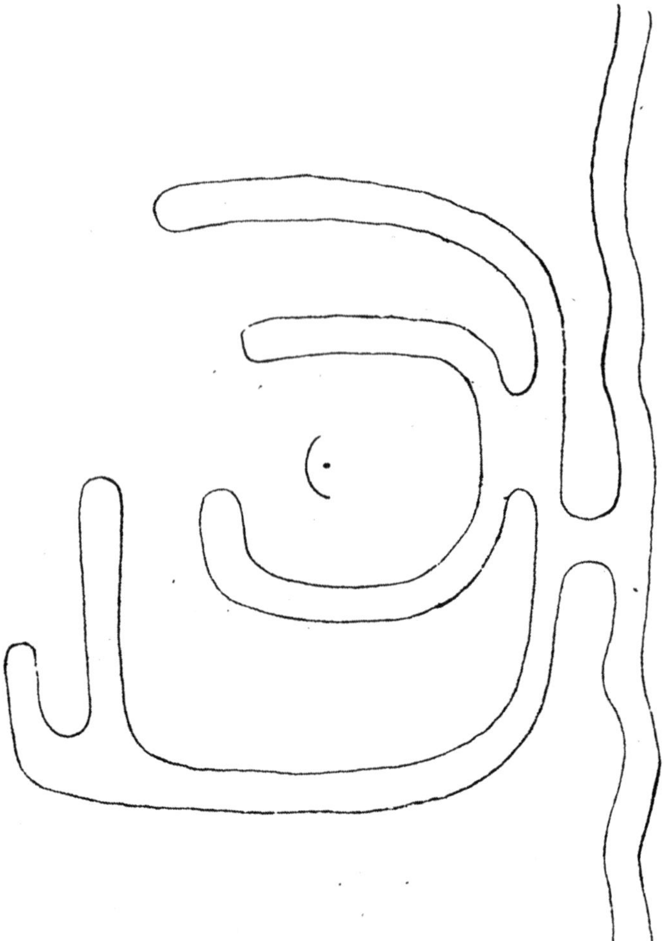

家秘本

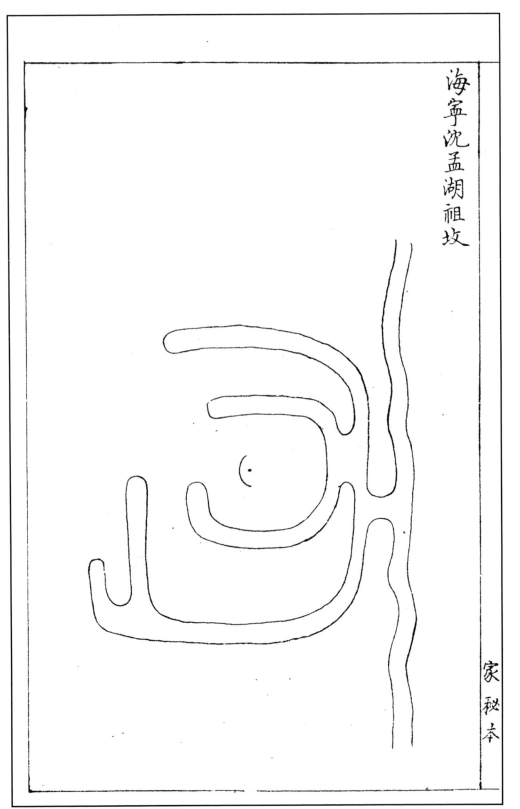

蕙水呂氏墓　蔣大鴻先生扦

葬後發兩進士

至今書香不替

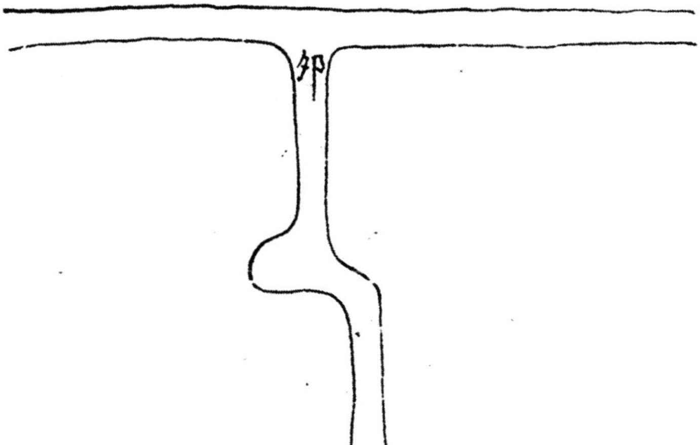

萬涇朱子與父墓

王南田扦

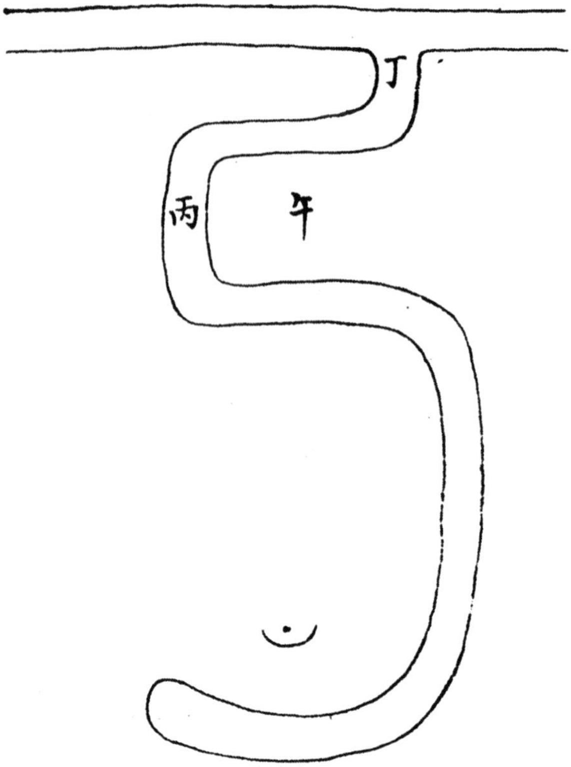

家秘本

徐相國

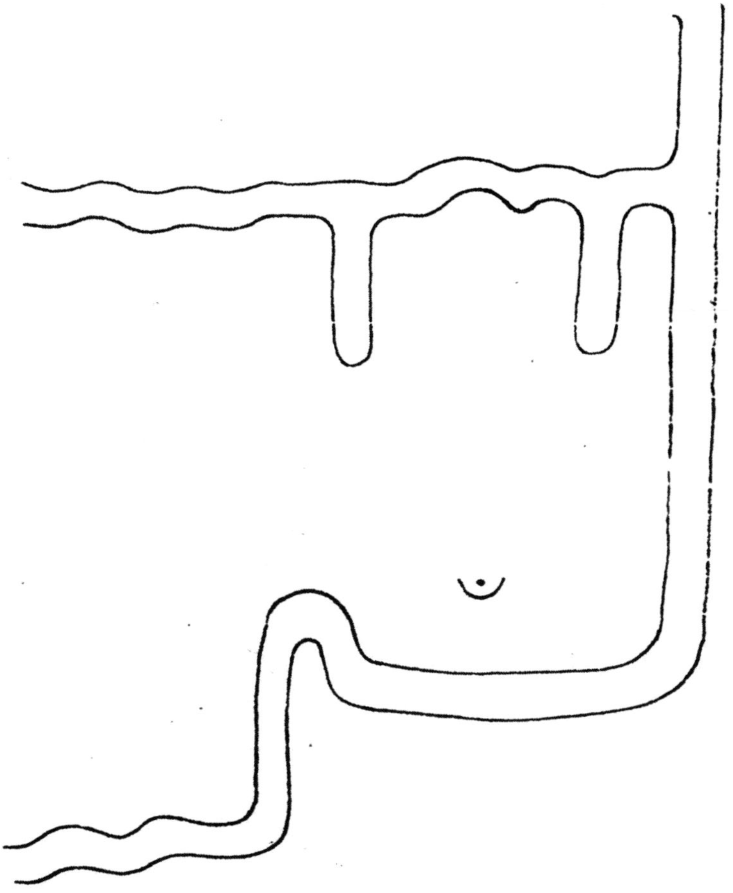

藜照堂傳

錢牧齋祖墓發科甲二十餘人

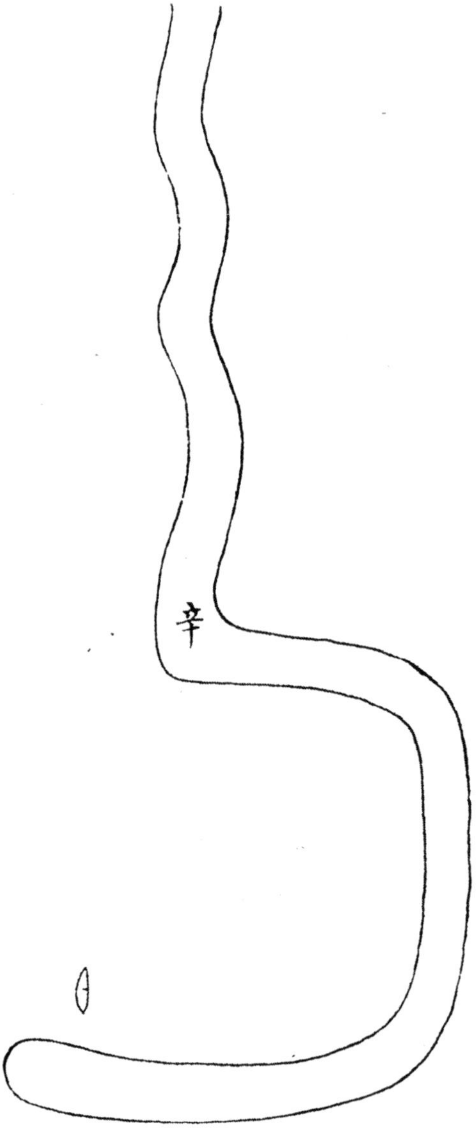

家秘本

黎里史祖墓

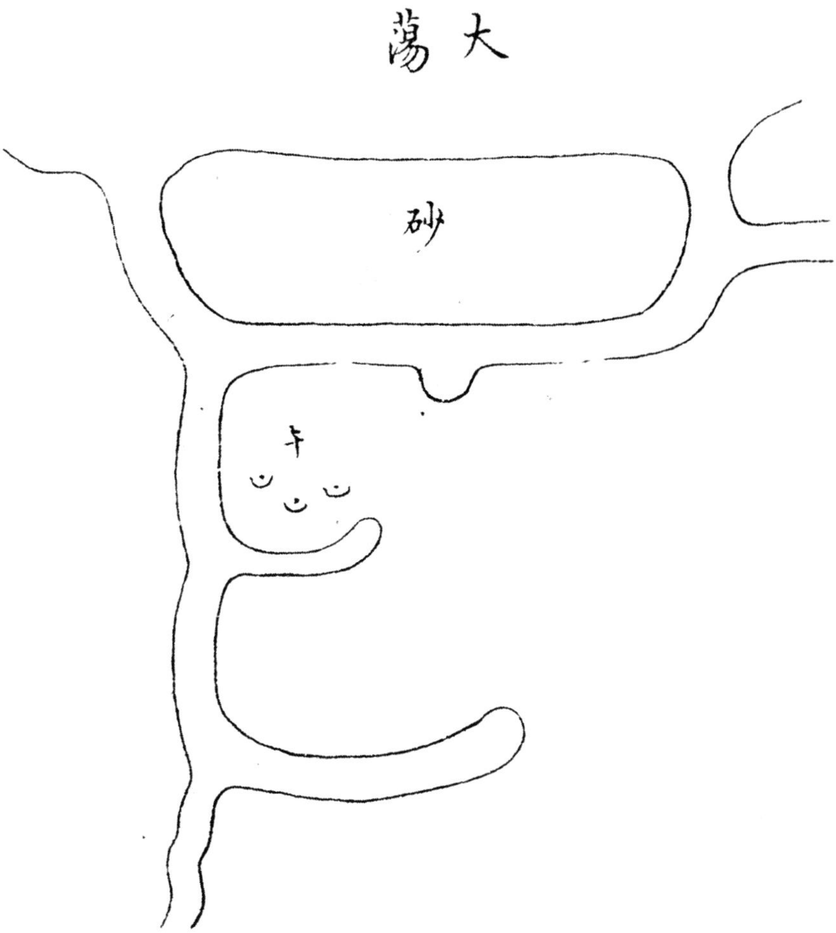

大茅金氏

家秘本

朱文恪相公祖地

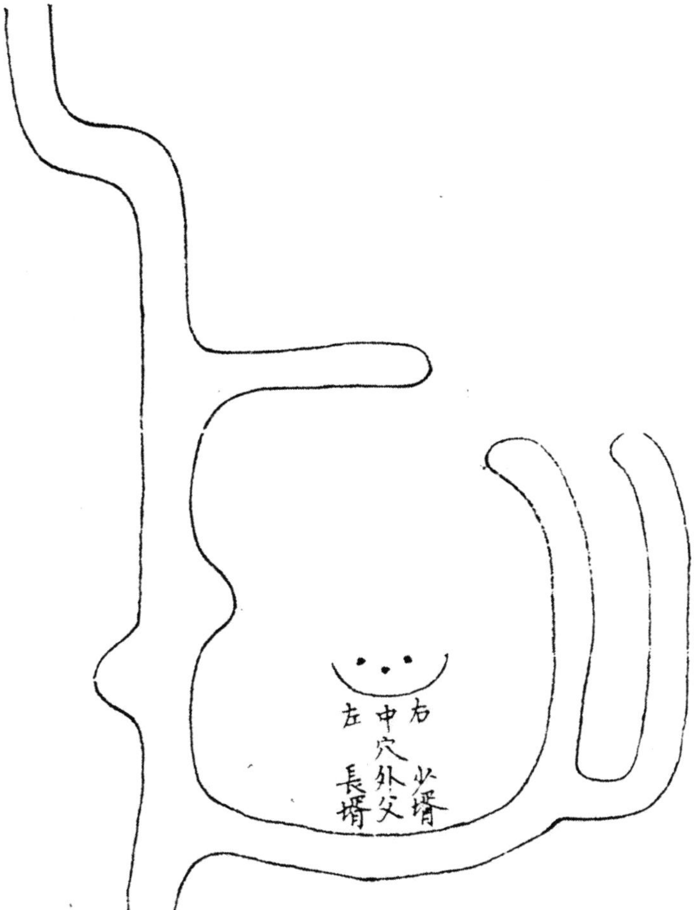

雲間包進士祖塋

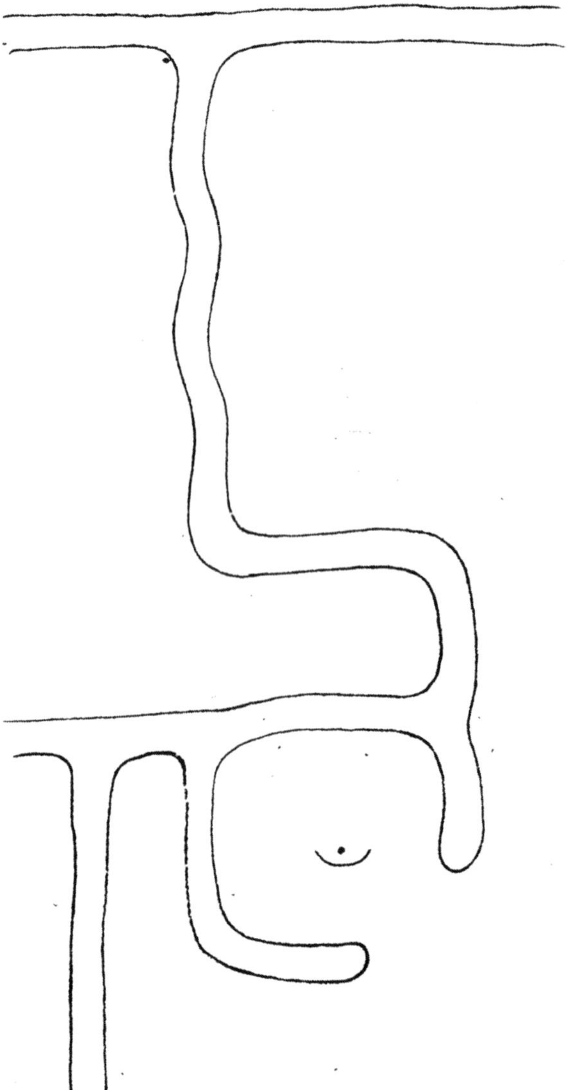

家秘本

江陰青暘鎮孔將軍祖墓

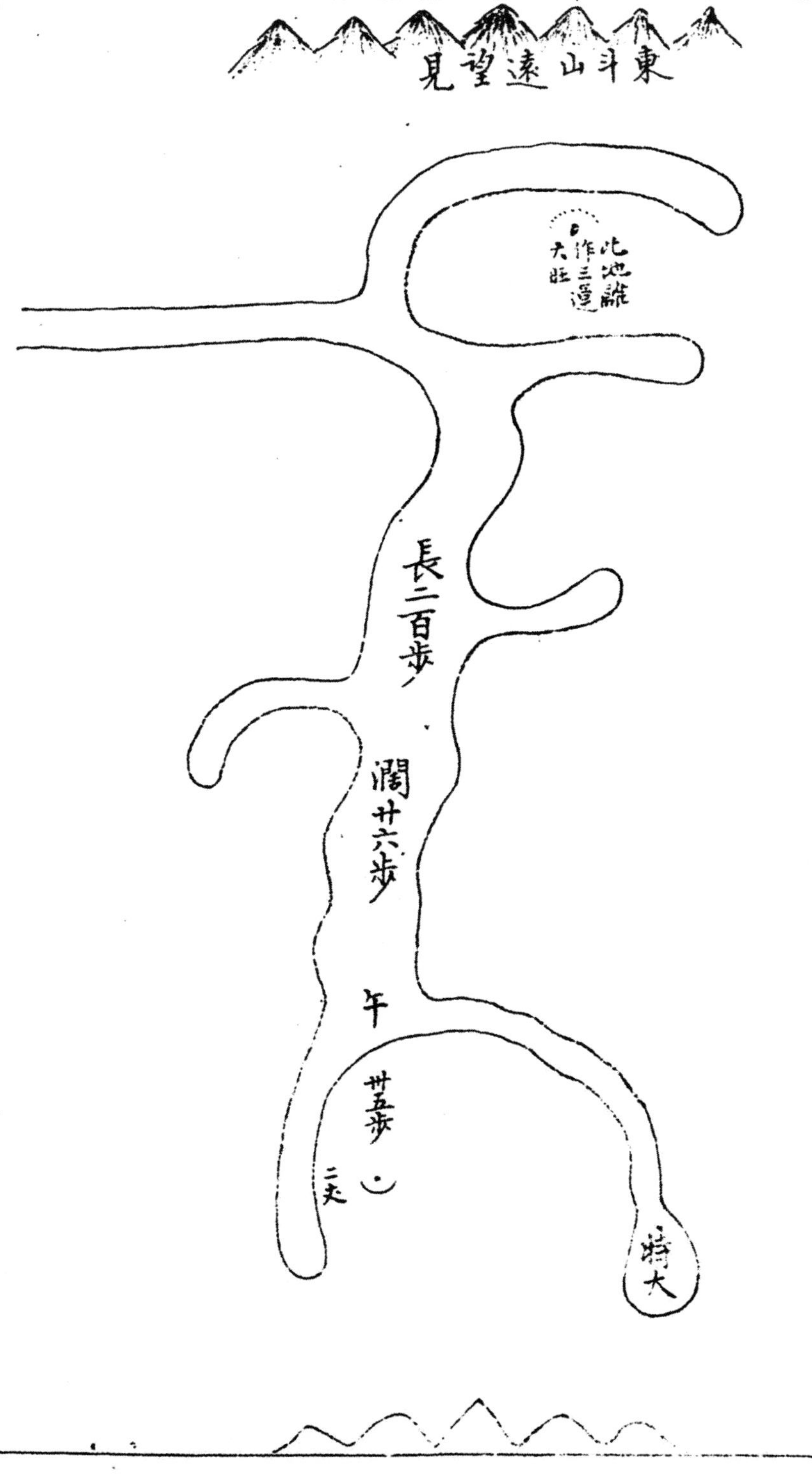

藜照堂傳

蕙水姜尚木新墓

蔣大鴻先生扦

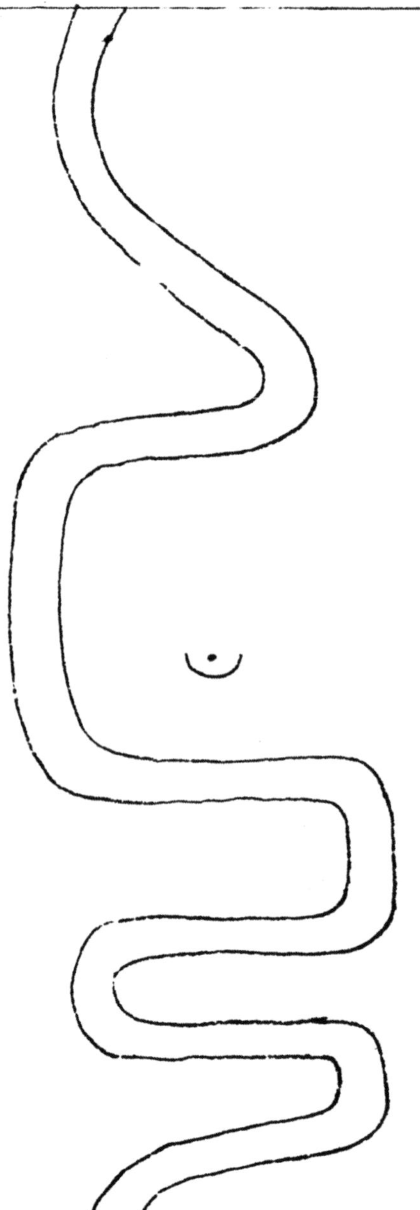

家秘本

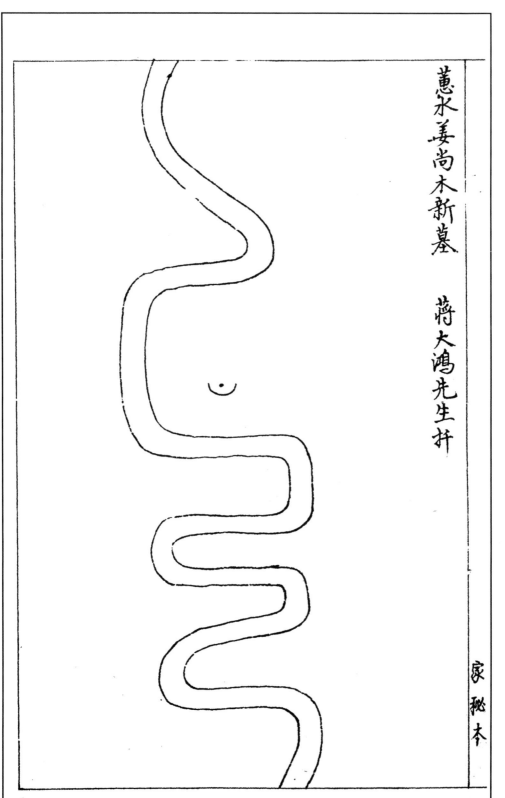

孫尚書祖坟　地在平湖縣南二十里馬京廟東南

孫景堂云發源生旺力大神清此等龍格亦合星宿族為大貴之地此傳會之說也

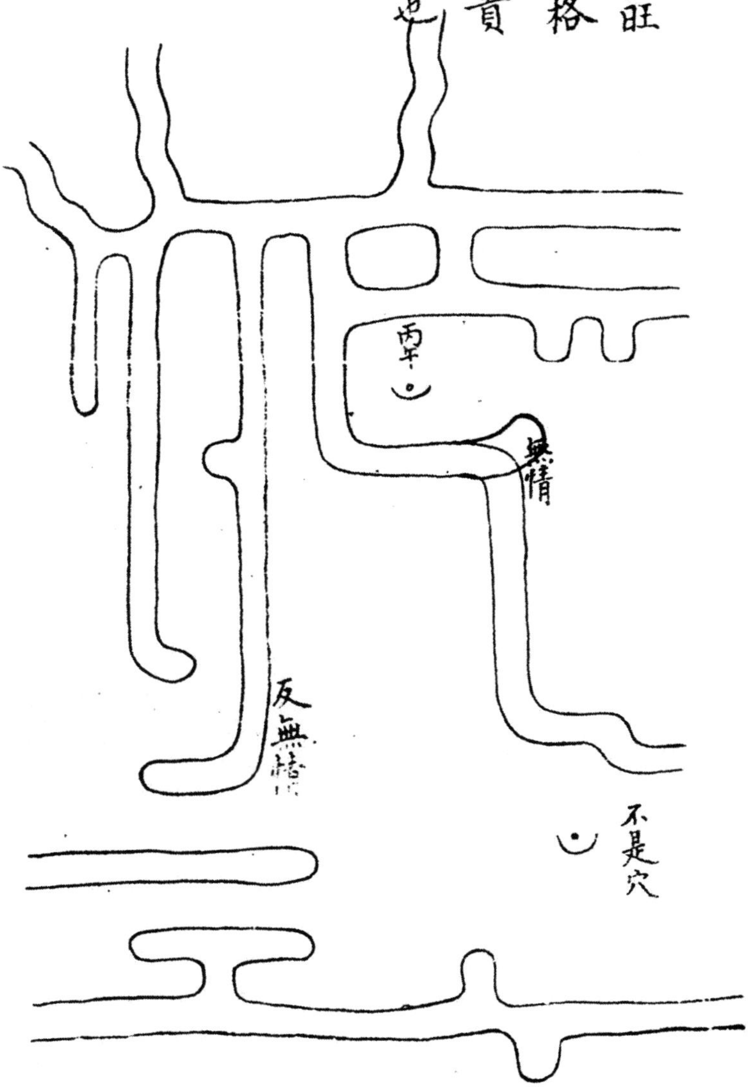

秀水卞顓山祖坟

湛弘治壬戌
玉 教諭
錫号顓山嘉靖丙辰官中書
壁主事

有公無私是為走馬穴須用裁成便可大發而悠久

家秘本

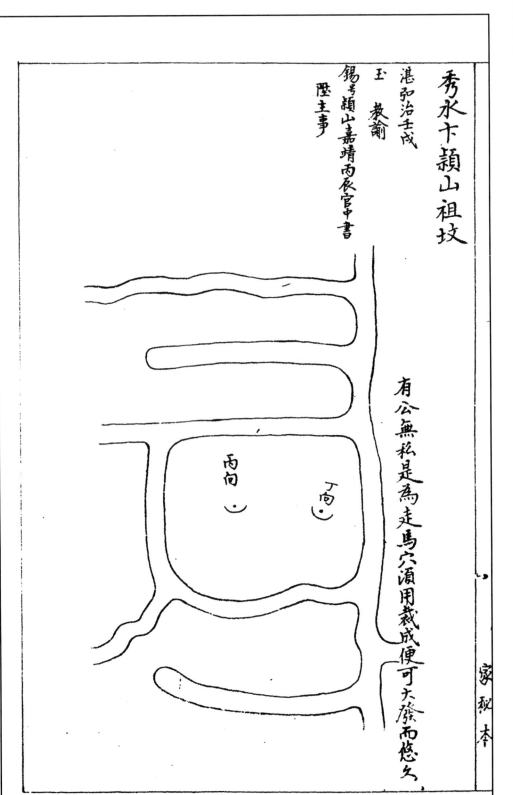

長溪沈氏祖地

發四世科甲

此是痴龍生枝之格

蔡熙堂傳

山陰白魚潭張氏祖地

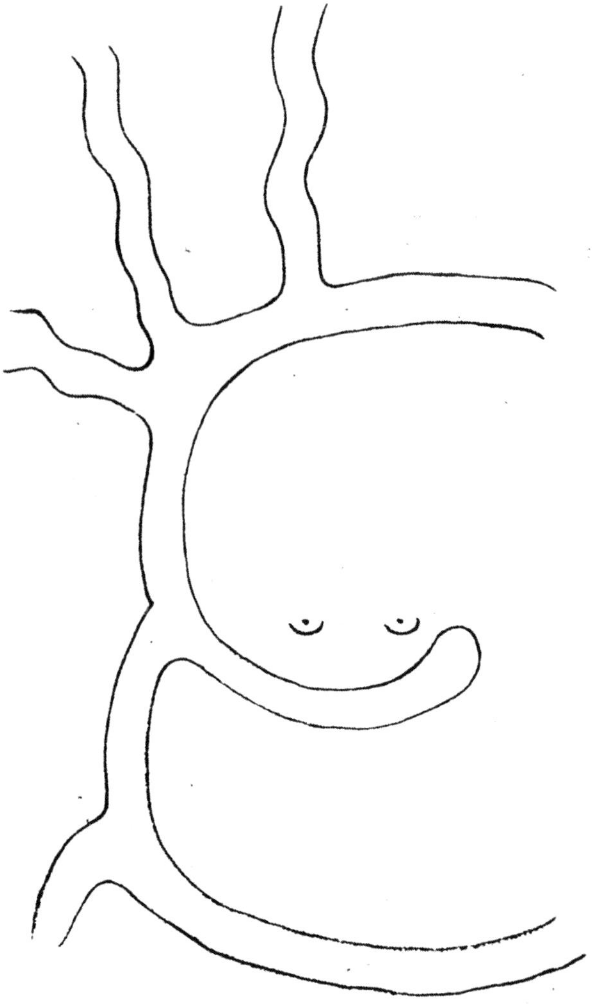

松江王斌[illegible]墓 農山之父

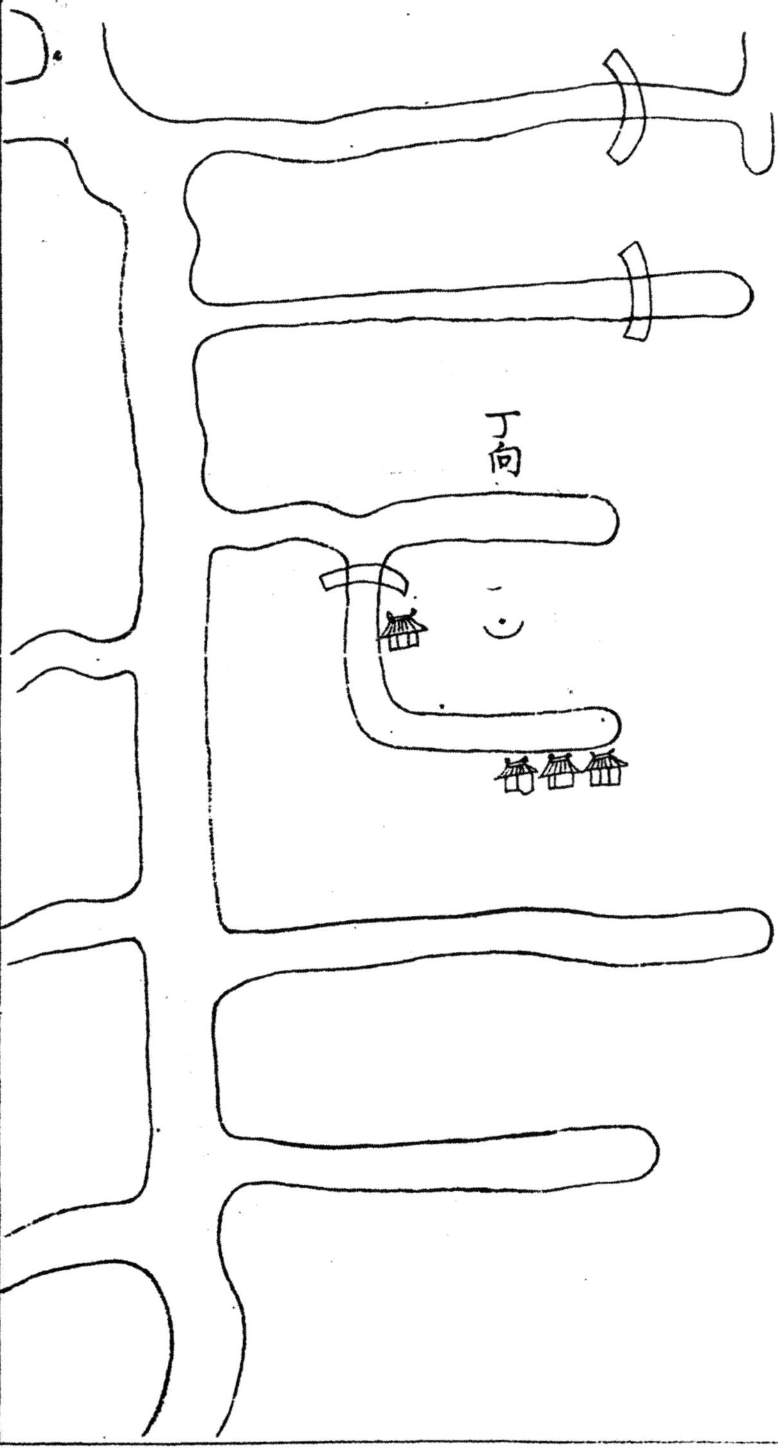

蔡照堂傳

雲間蔣氏祖墓

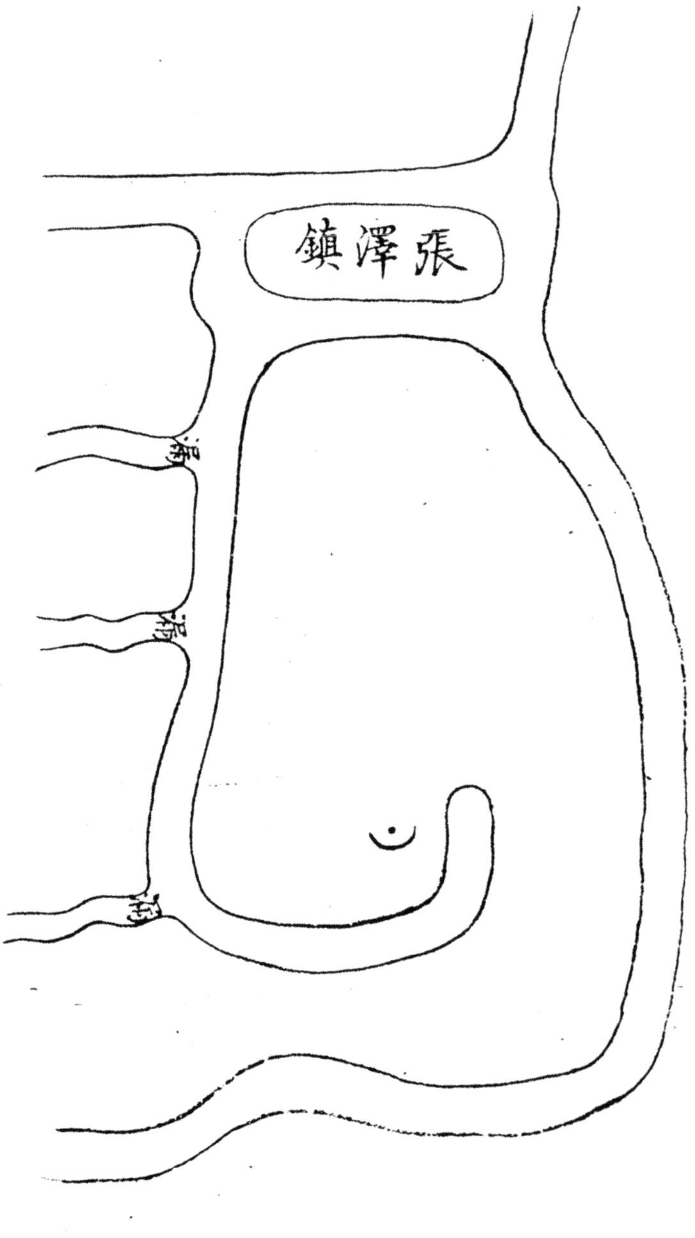

家秘本

松江林氏祖墓

景暘萬厯太僕卿

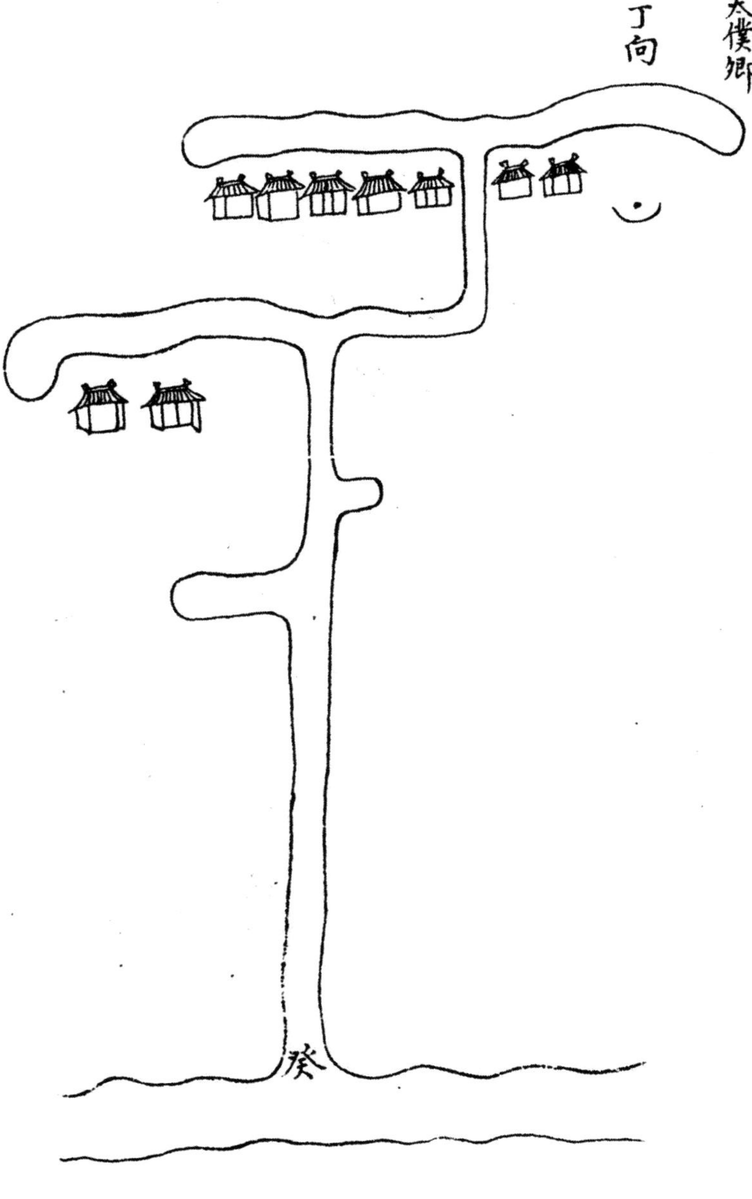

林景暘墓

景暘子遇仲又為太僕卿

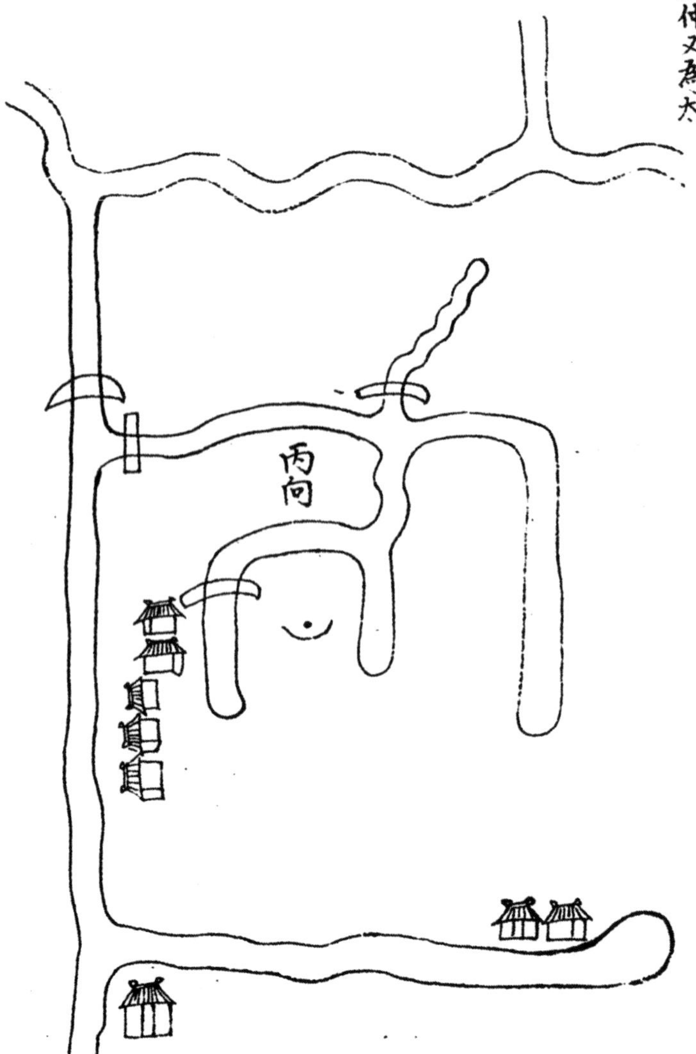

嘉定張瀛峯祖坟

孫景堂曰坐亥向巳即為巽局巽係中元之地故至下元而遂敗况穴後（其絶在此）屋宇遮塞左右坟塋掩蔽加之徐龍渠所扦新穴（是雪上加霜）又屬巽向其斬馬敗絶宜也

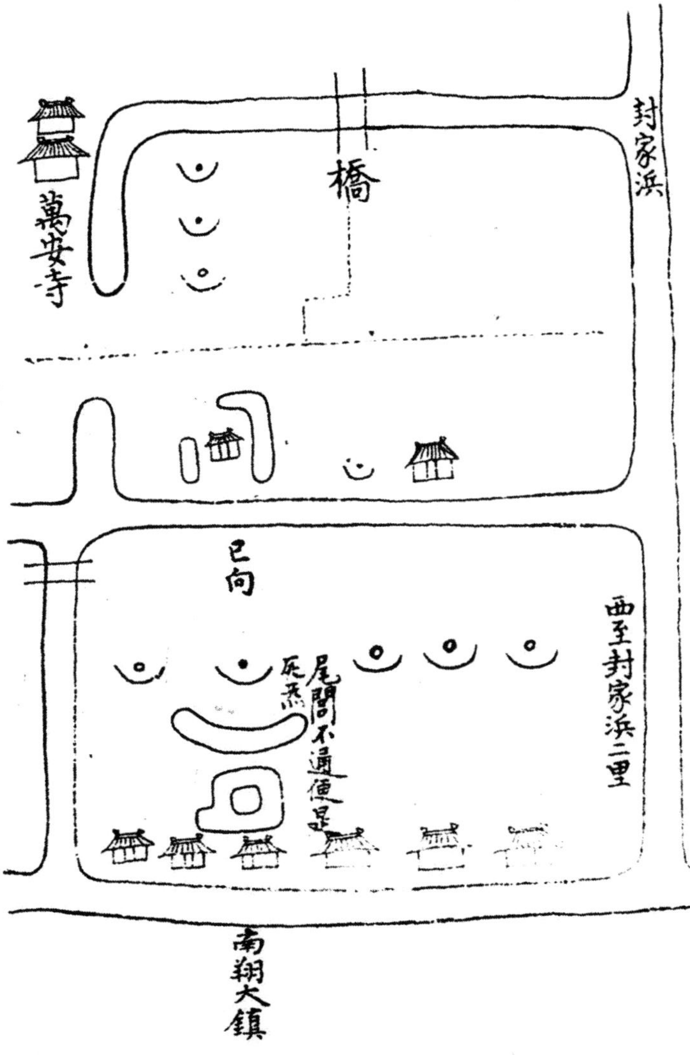

有此三元不敢之大地而壞於庸術之手惜哉

張瀛峯新坟

此坟徐龍渠所扦辛巳年葬癸未年絶孫景堂云老坟向巽此穴又向巽故三歳藐孤遂卒信乎元運之不可忽也後觉子曰此地有星有垣可称盡善盡美之大地若乘旺運以葬其發斯之蕃盛富貴之顯赫當冠絶群倫正非尋常可擬何徐龍渠之不学無術而竟葬於失元之候乎帰厚録注云與其得失元之大地不如得乘時之小地人壽幾何待其去衰入旺身與家全敗矣此先哲傳心之要訣後學其牢記之

此地若必加人力裁成下元亦可以葬亦可以發徐龍渠学未到此其被悪名宜也然其絶也實絶於舊坟假令不扦此坟寧遂不絶乎哉此不過又加一鞭耳識者諒之

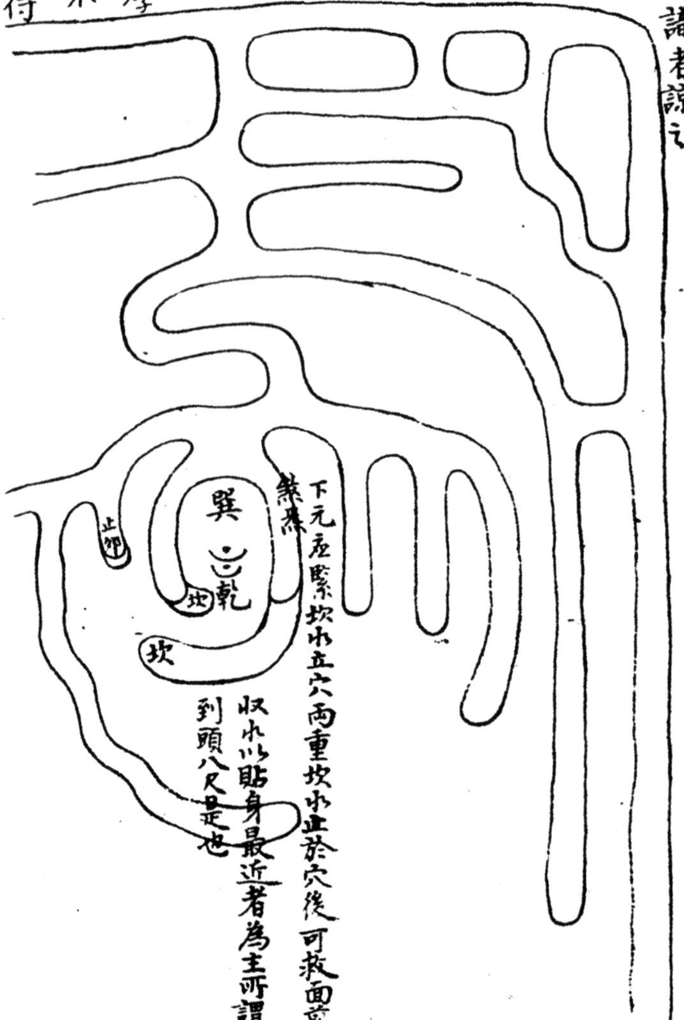

家秘本

海寧陳氏地　傳說蔣公扦

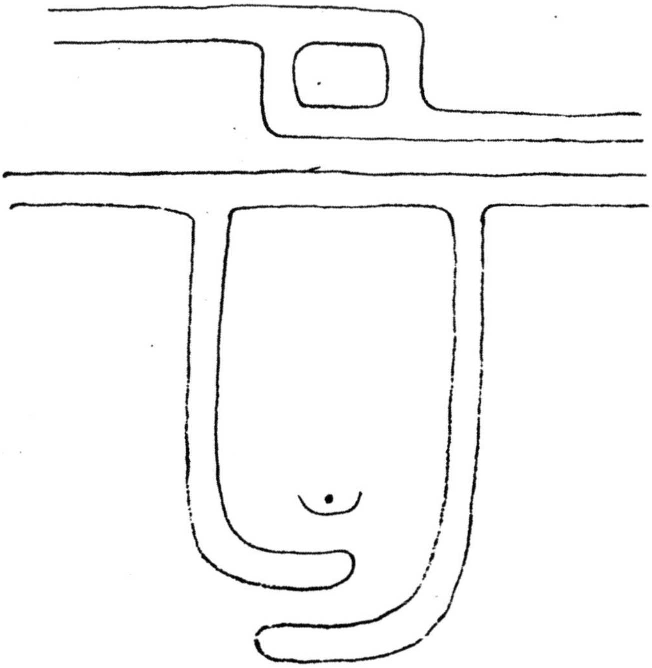

海寧陳氏祖地三百年科甲最盛
幕講師扦

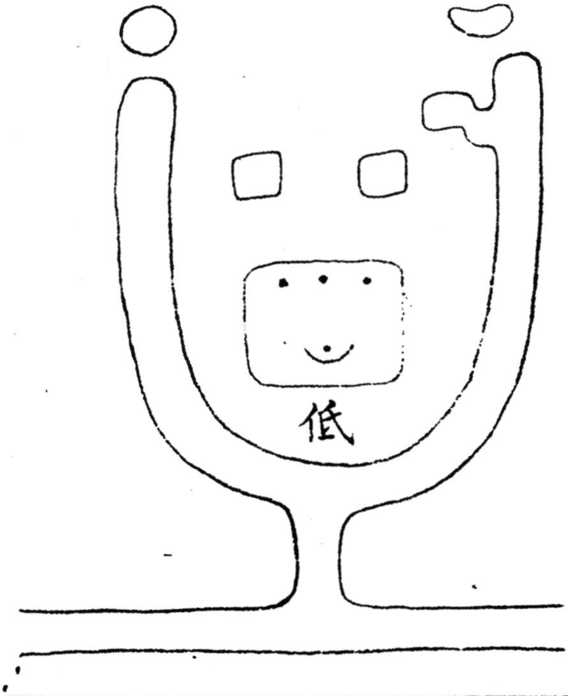

蔡照堂傳

蘄縣王翰林祖墓

幕講師扦

坐離局

乾得坎煞也水尅火
艮得震不生也木生火
離得巽生也

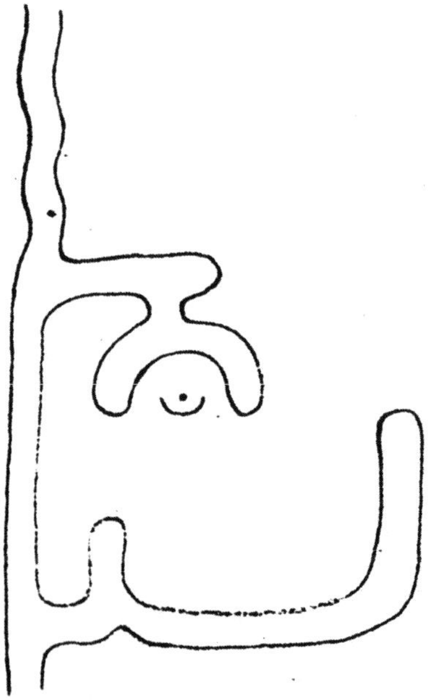

盛仲来祖地

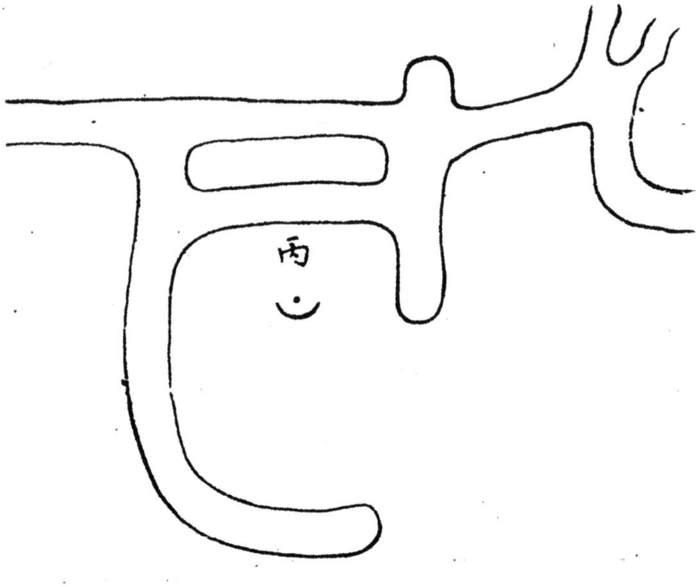

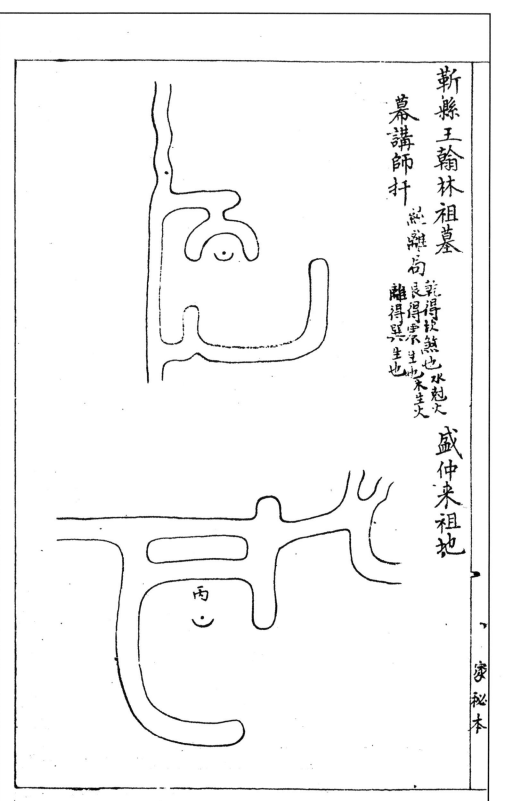

王店李東泉祖地

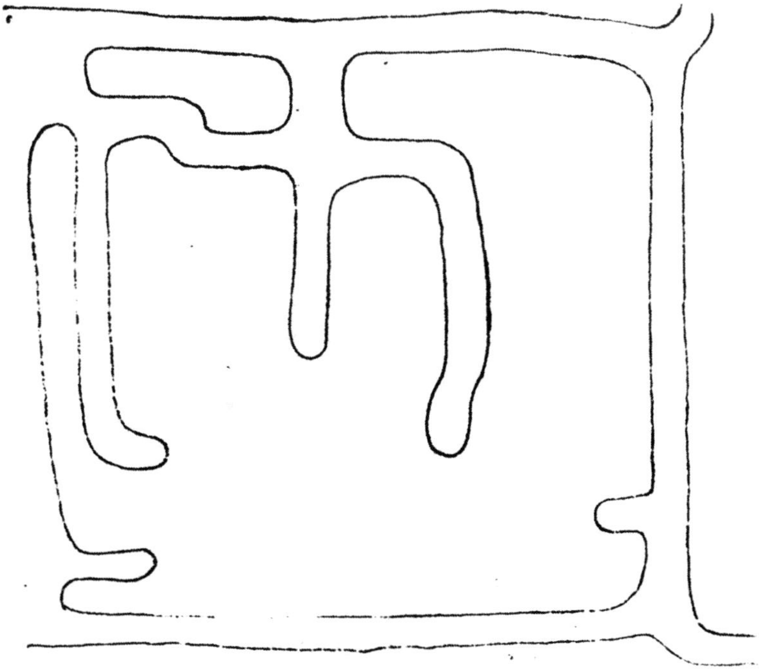

平湖施氏

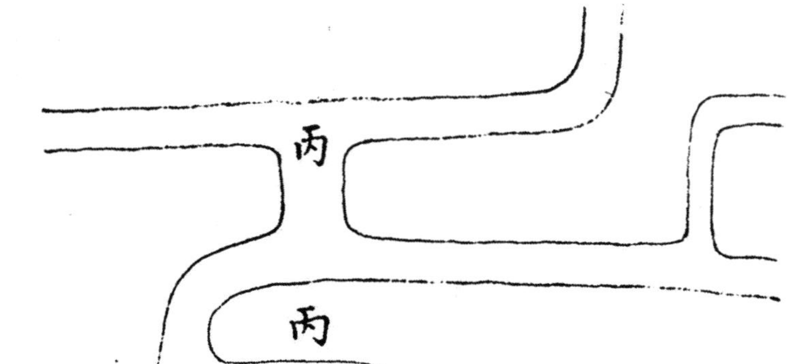

藜照堂傳

太倉王氏

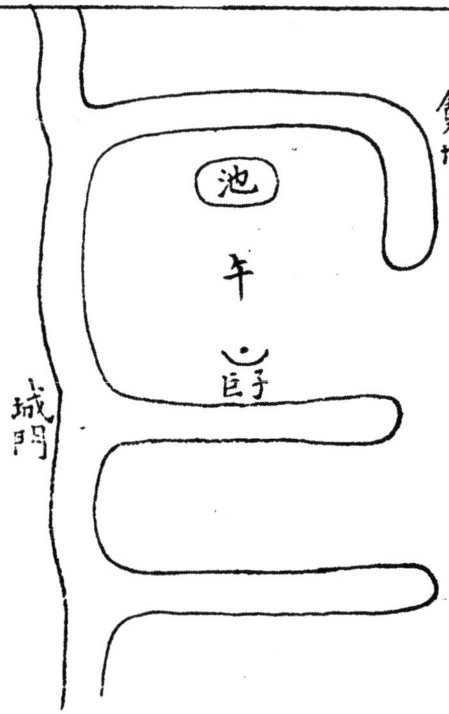

吳江吳翰林祖墓 在北麻卯保長港
下元大富上元發甲

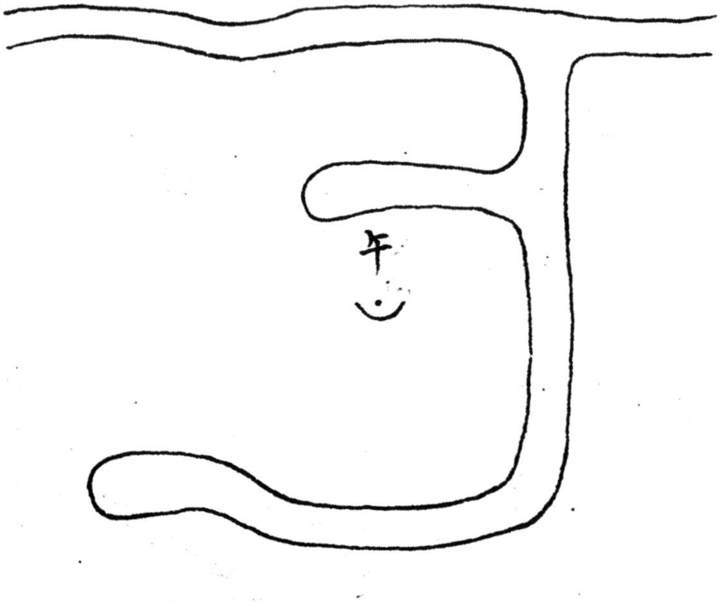

家秘本

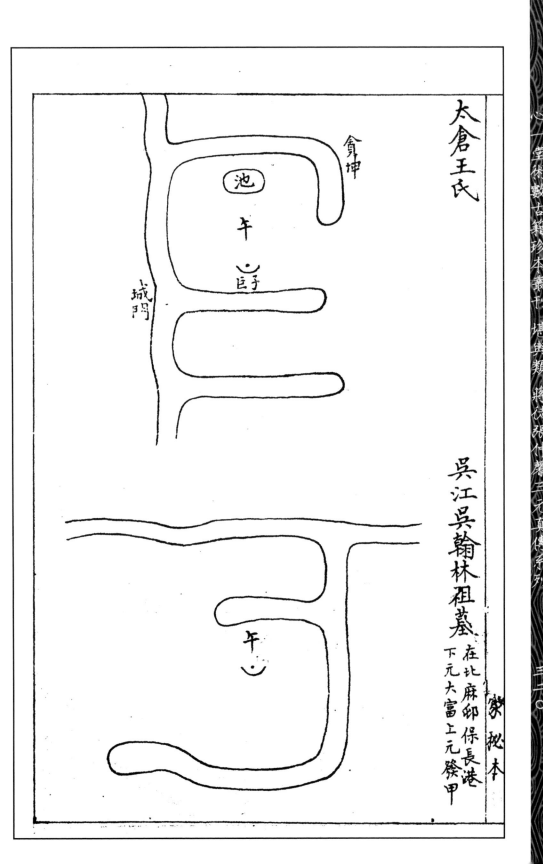

崇德王後溪祖地

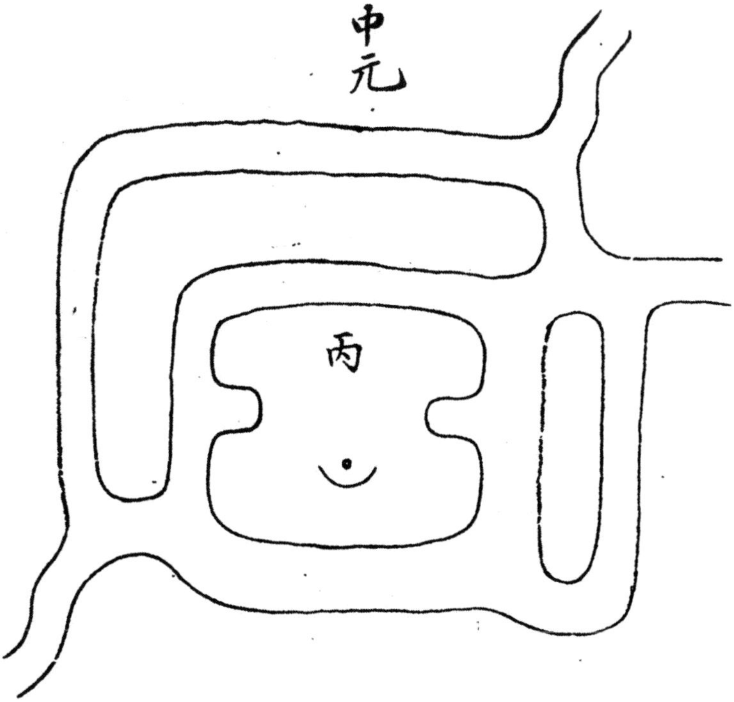

崇德余龍津祖塋
漏洩過多且少私水爲
主得裁成乃妙

田嘉靖甲戌

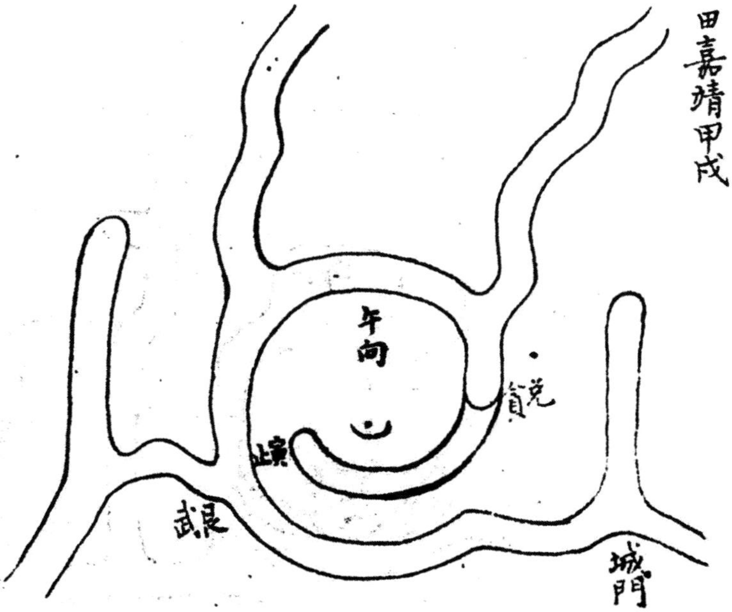

海鹽鄭氏地

蔣大鴻先生扦

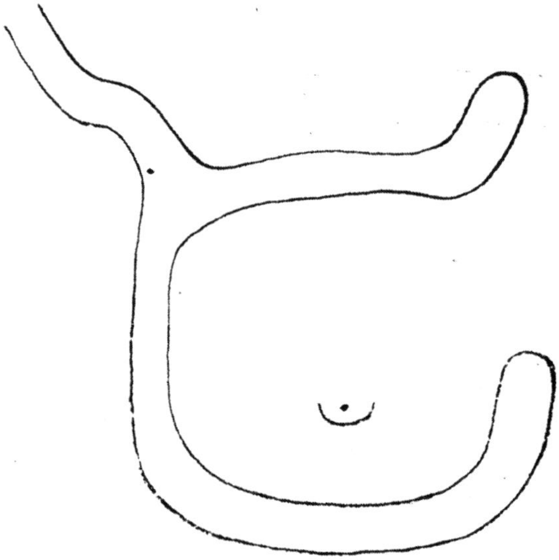

崇德呂種雲祖坟

雖作則富貴矣

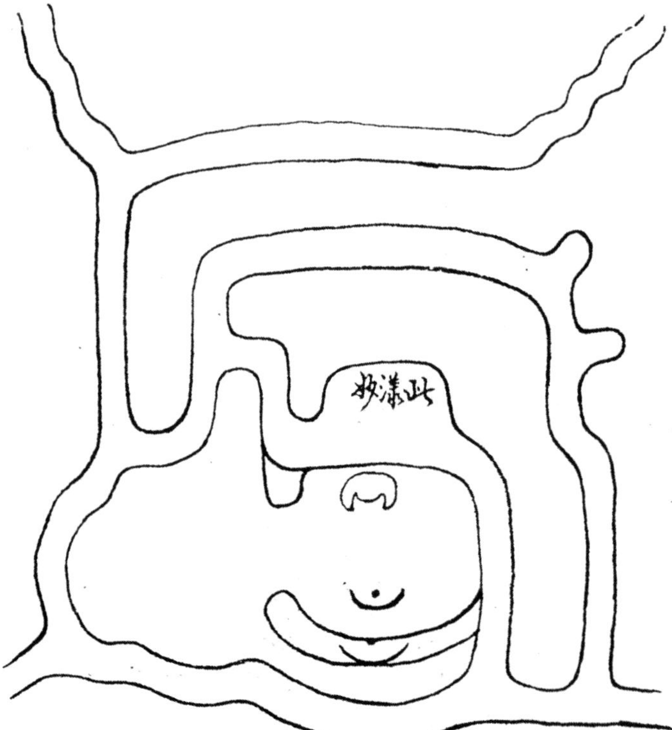

秘本

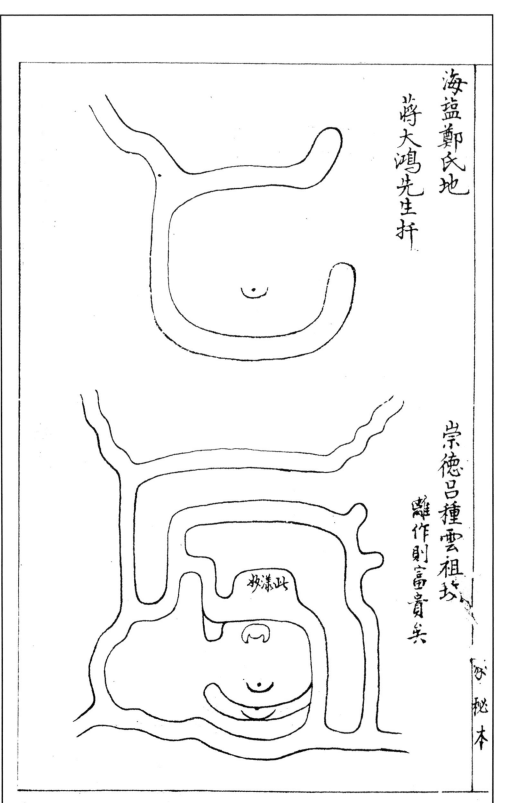

江陰曹氏

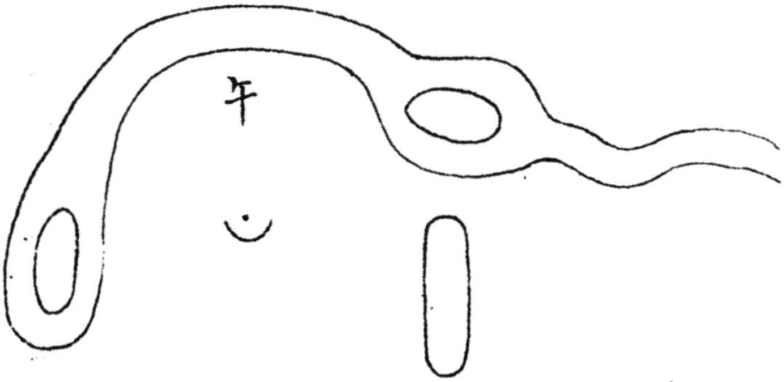

延平郭氏

歸安錢氏地三世科甲

一官兵曹一官巡撫一官銓部

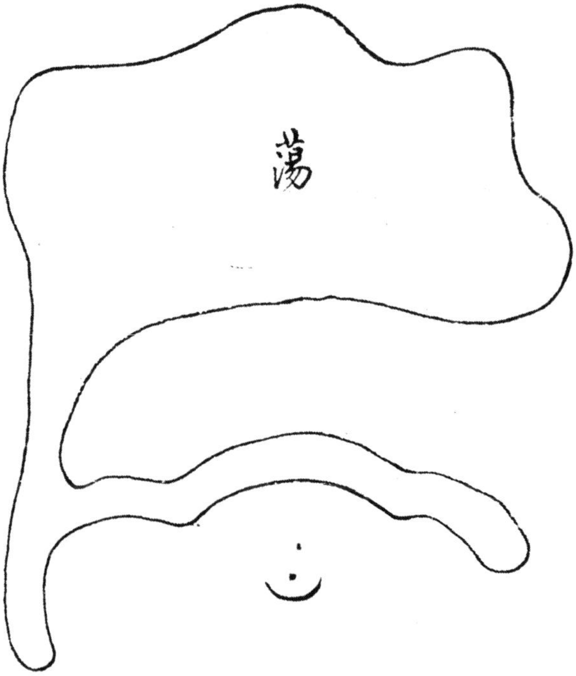

南昌汪氏

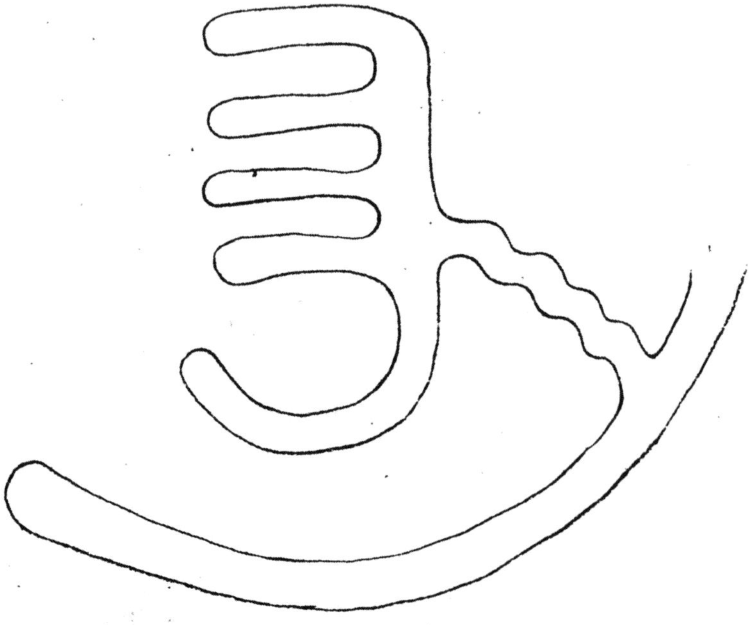

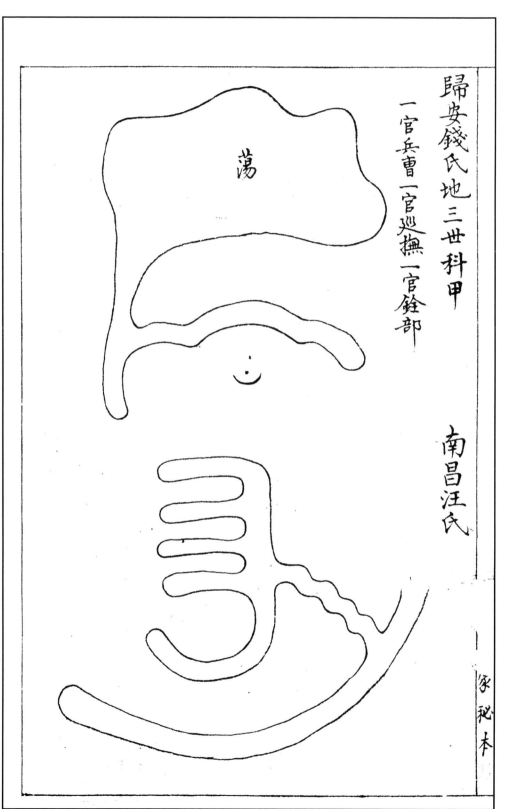

平湖竹渡袁氏

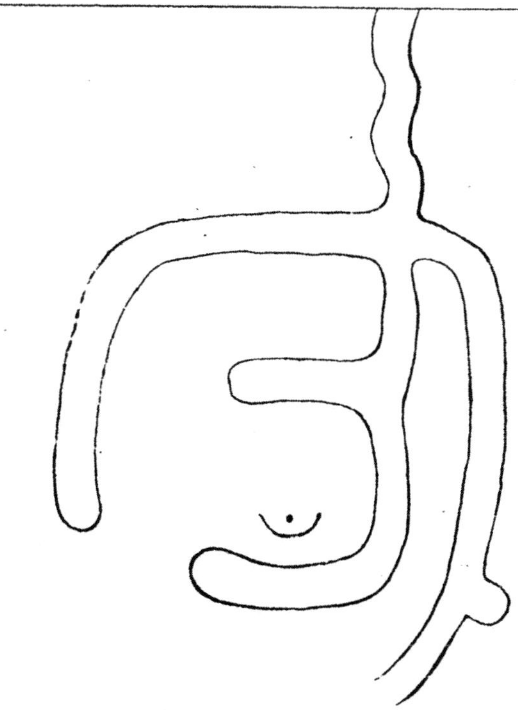

屠念慈祖墓

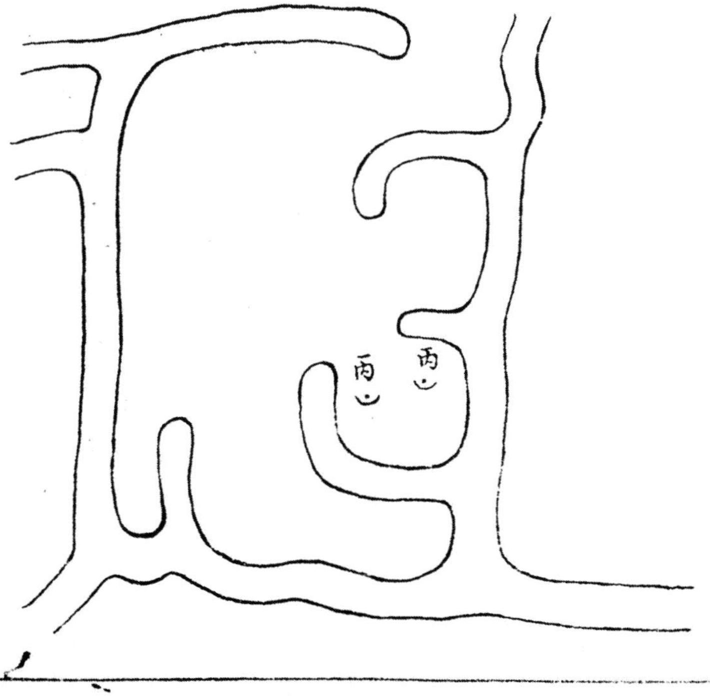

平湖倪氏

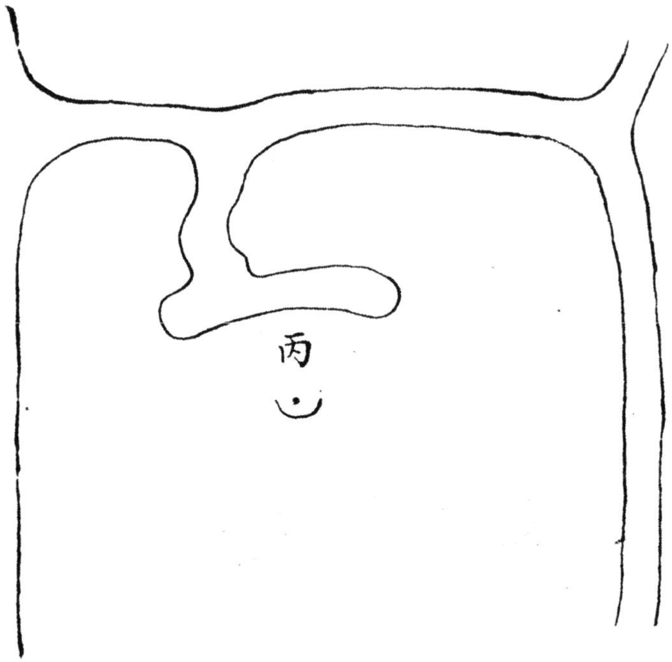

巢氏祖墓

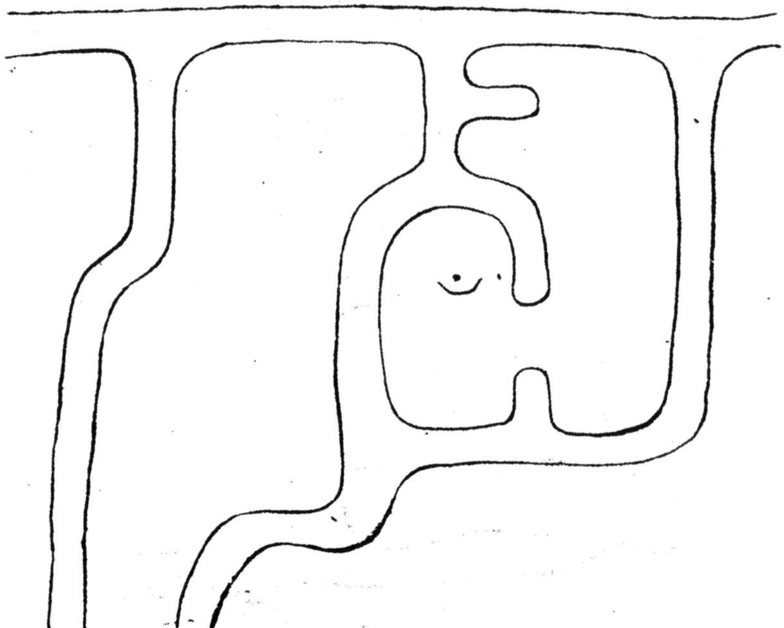

家秘本

漕河涇張氏發祥之地

三百年来科甲不替

交焘格

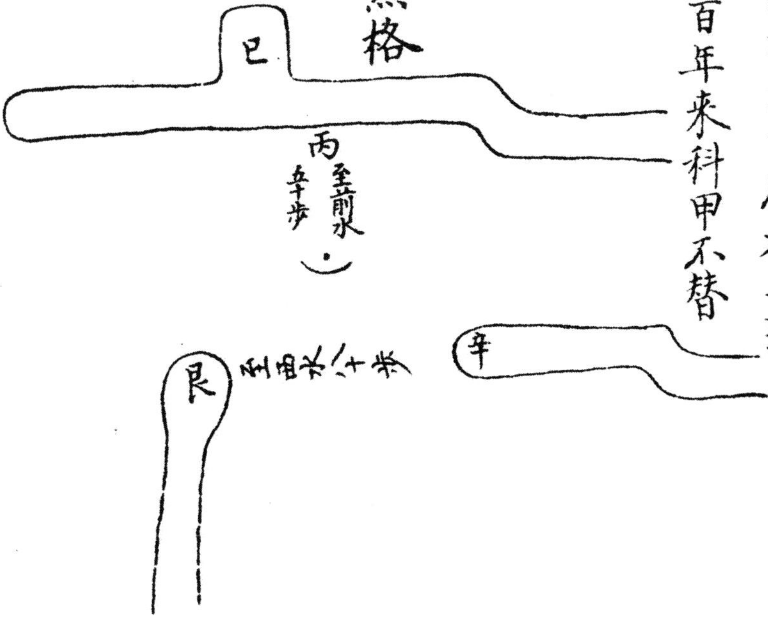

王起生地

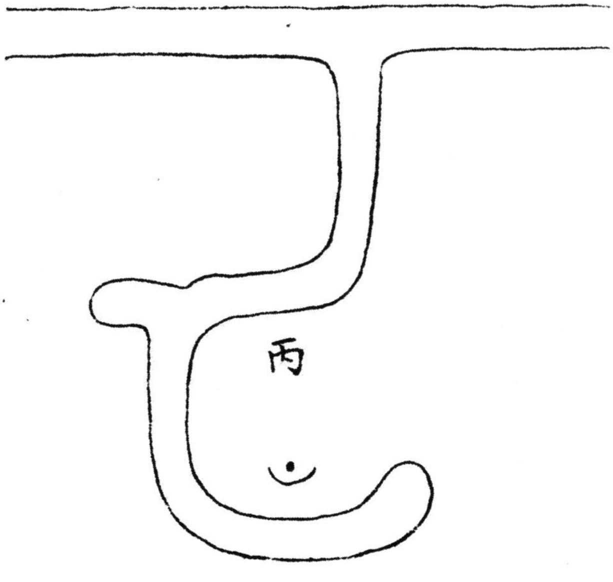

家秘本

占筮類			
1	擲地金聲搜精秘訣	心一堂編	沈氏研易樓藏稀見易占秘鈔本
2	卜易拆字秘傳百日通	心一堂編	
3	易占陽宅六十四卦秘斷	心一堂編	火珠林占陽宅風水秘鈔本
星命類			
4	斗數宣微	【民國】王裁珊	民初最重要斗數著述之一；未刪改本
5	斗數觀測錄	【民國】王裁珊	失傳民初斗數重要著作
6	《地星會源》《斗數綱要》合刊	心一堂編	失傳的第三種飛星斗數
7	《斗數秘鈔》《紫微斗數之捷徑》合刊	心一堂編	珍稀「紫微斗數」舊鈔秘本
8	斗數演例	心一堂編	
9	紫微斗數全書（清初刻原本）	題【宋】陳希夷	斗數全書本來面目；有別於錯誤極多的坊本
10－12	鐵板神數（清刻足本）——附秘鈔密碼表	題【宋】邵雍	無錯漏原版秘鈔密碼表　首次公開！
13－15	蠢子數纏度	題【宋】邵雍	蠢子數連密碼表打破數百年秘傳　首次公開！
16－19	皇極數	題【宋】邵雍	清鈔孤本附起例及完整密碼表研究神數必讀！
20－21	邵夫子先天神數	題【宋】邵雍	附手鈔密碼表研究神數必讀！
22	八刻分經定數（密碼表）	題【宋】邵雍	皇極數另一版本；附手鈔密碼表
23	新命理探原	【民國】袁樹珊	子平命理必讀教科書！
24－25	袁氏命譜	【民國】袁樹珊	
26	韋氏命學講義	【民國】韋千里	民初二大命理家南袁北韋
27	千里命稿	【民國】韋千里	
28	精選命理約言	【民國】韋千里	北韋之命理經典
29	滴天髓闡微——附李雨田命理初學捷徑	【民國】袁樹珊、李雨田	命理經典未刪改足本
30	段氏白話命學綱要	【民國】段方	民初命理經典最淺白易懂
31	命理用神精華	【民國】王心田	學命理者之寶鏡

62	地理辨正補註 附 元空秘旨 天元五歌 玄空精髓 心法秘訣等數種合刊	【民國】胡仲言	貫通易理、巒頭、三元、三合、天星、中醫
63	地理辨正自解	【清】李思白	公開玄空家「分率尺、工部尺、量天尺」之秘
64	許氏地理辨正釋義	【民國】許錦灝	民國易學名家黃元炳力薦
65	地理辨正天玉經內傳要訣圖解	【清】程懷榮	秘訣一語道破，圖文并茂
66	謝氏地理書	【民國】謝復	玄空體用兼備、深入淺出
67	論山水元運易理斷驗、三元氣運說附紫白訣等五種合刊	【宋】吳景鸞等	失傳古本《玄空秘旨》《紫白訣》
68	星卦奧義圖訣	【清】施安仁	三元玄空門內秘笈　清鈔孤本 過去均為必須守秘不能公開秘密 與今天流行飛星法不同
69	三元地學秘傳	【清】何文源	
70	三元玄空挨星四十八局圖說	心一堂編	
71	三元挨星秘訣仙傳	心一堂編	
72	三元地理正傳	心一堂編	
73	三元天心正運	心一堂編	
74	元空紫白陽宅秘旨	心一堂編	
75	玄空挨星秘圖 附 堪輿指迷	心一堂編	
76	姚氏地理辨正圖說 附 地理九星并挨星真訣全圖 秘傳河圖精義等數種合刊	【清】姚文田等	蓮池心法　玄空六法 門內秘鈔本首次公開
77	元空法鑑批點本——附 法鑑口授訣要、秘傳玄空三鑑奧義匯鈔 合刊	【清】曾懷玉等	
78	元空法鑑心法	【清】曾懷玉等	
79	曾懷玉增批蔣徒傳天玉經補註【新修訂版原（彩）色本】	【清】項木林、曾懷玉	
80	地理學新義	【民國】俞仁宇撰	揭開連城派風水之秘
81	地理辨正揭隱（足本） 附連城派秘鈔口訣	【民國】王邀達	
82	趙連城傳地理秘訣附雪庵和尚字字金	【明】趙連城	
83	趙連城秘傳楊公地理真訣	【明】趙連城	
84	地理法門全書	仗溪子、芝罘子	巒頭風水，內容簡核、深入淺出
85	地理方外別傳	【清】熙齋上人	巒頭形勢、「望氣」「鑑神」
86	地理輯要	【清】余鵬	集地理經典之精要
87	地理秘珍	【清】錫九氏	巒頭、三合天星，圖文並茂
88	《羅經舉要》附《附三合天機秘訣》	【清】賈長吉	清鈔孤本羅經、三合訣法圖解
89-90	嚴陵張九儀增釋地理琢玉斧巒	【清】張九儀	清初三合風水名家張九儀經典清刻原本！

編號	書名	作者	說明
91	地學形勢摘要	心一堂編	形家秘鈔珍本
92	《平洋地理入門》《巒頭圖解》合刊	【清】盧崇台	平洋水法、形家秘本
93	《鑒水極玄經》《秘授水法》合刊	【唐】司馬頭陀、【清】鮑湘襟	千古之秘，不可妄傳匪人
94	平洋地理闡秘	心一堂編	雲間三元平洋形法秘鈔珍本
95	地經圖說	【清】余九皋	形勢理氣、精繪圖文
96	司馬頭陀地鉗	【唐】司馬頭陀	流傳極稀《地鉗》
97	欽天監地理醒世切要辨論	【清】欽天監	公開清代皇室御用風水真本
三式類			
98－99	大六壬尋源二種	【清】張純照	六壬入門、占課指南
100	六壬教科六壬鑰	【民國】蔣問天	由淺入深，首尾悉備
101	壬課總訣	心一堂編	過去術家不外傳的珍稀六壬術秘鈔本
102	六壬秘斷	心一堂編	
103	大六壬類闡	心一堂編	
104	六壬秘笈——韋千里占卜講義	【民國】韋千里	六壬入門必備
105	壬學述古	【民國】曹仁麟	依法占之，「無不神驗」
106	奇門揭要	心一堂編	集「法奇門」、「術奇門」精要
107	奇門行軍要略	【清】劉文瀾	條理清晰、簡明易用
108	奇門大宗直旨	劉毗	天下孤本　首次公開 虛白廬藏本《秘藏遁甲天機》 奇門不傳之秘　應驗如神
109	奇門三奇干支神應	馮繼明	
110	奇門仙機	題【漢】張子房	
111	奇門心法秘纂	題【漢】韓信（淮陰侯）	
112	奇門廬中闡秘	題【三國】諸葛武侯註	
選擇類			
113－114	儀度六壬選日要訣	【清】張九儀	清初三合風水名家張九儀擇日秘傳
115	天元選擇辨正	【清】一園主人	釋蔣大鴻天元選擇法
其他類			
116	述卜筮星相學	【民國】袁樹珊	民初二大命理家南袁北韋
117－120	中國歷代卜人傳	【民國】袁樹珊	南袁之術數經典